PASTORES
SEGÚN
el corazón
DE
DIOS

La intimidad con Dios que debe desarrollar para el buen

ejercicio de su ministerio

Jose Mª Baena Acebal

Editorial CLIE
www.clie.es

EDITORIAL CLIE
C/ Ferrocarril, 8
08232 VILADECAVALLS
(Barcelona) ESPAÑA
E-mail: clie@clie.es
http://www.clie.es

© 2021 por José Mª Baena Acebal

© 2022 por Editorial CLIE

La versión de la Biblia generalmente utilizada es la RVR1995, de las Sociedades Bíblicas Unidas. Cualquier otra versión será debidamente referenciada. Las cursivas empleadas en algunos textos son del autor, con el fin de resaltar algún aspecto particular.

Pastores según el corazón de Dios
ISBN: 978-84-18204-97-5
Depósito Legal: B 1569-2022
Ministerios cristianos
Recursos pastorales
Referencia: 225170

Impreso en los Estados Unidos de América/ *Printed in the United States of America*

Acerca del autor

José Mª Baena Acebal graduado en Teología por la Facultad de Teología de las Asambleas de Dios; Diplomado en Enseñanza Religiosa Evangélica por el CSEE (España) y Pastor del Centro Cristiano Internacional Asambleas de Dios, de Sevilla (España). Profesor de Enseñanza Religiosa Evangélica (ESO) y de la Facultad de Teología de las Asambleas de Dios en La Carlota (Córdoba). Ha sido Presidente de las Asambleas de Dios en España y de la Federación de Entidades Religiosas Evangélicas (FEREDE).

Dedicado a la pequeña pero potente iglesia Assemblée de Dieu du Bassin Minier (Montceau/Creusot, Francia) que me vio nacer en el evangelio, a la familia Berthonier que lo hizo posible con su acogida y testimonio (Gérard, Raymond, Yvonne, Alfred, Jeanne, Alain, Nicolle), A Roger Benzaken, que me obsequió con mi primera Biblia, y a Jean Joly, quien me dirigió al Señor (1969). Mi más sincero y sentido agradecimiento.

ÍNDICE

Introducción 15

1. El corazón de Dios 19

2. Oficio o sacrificio 29

3. La misericordia como norma 37

4. El amor como motor 43

5. Campo abierto 49

6. La Palabra como única fuente de inspiración 57

7. Cristo como único fundamento 67

8. El Espíritu como única fuerza 75

9. El ejemplo como única herramienta 83

10. Generadores de futuro 93

11. Mayordomía pastoral 107

12. Intimidad con Dios 117

13. La recompensa final 121

Epílogo 127

Bibliografía consultada 131

Os daré pastores según mi corazón, que os apacienten con conocimiento y con inteligencia.

Jeremías 3:15

Me saliste al paso, en mi camino
errante, sin rumbo claro.
Me hallaste cuando yo perdido
me alejaba, desterrado.
No fue brusco nuestro encuentro;
pareciome fortuito.
No le di mayor sentido
ni calibré el resultado.
Caminé contigo,
y poco a poco descubrí Quién eras.

INTRODUCCIÓN

Este libro sigue a los dos anteriormente publicados, *Pastores para el siglo XXI* (2018) y *Persona, pastor y mártir* (2020), con el objetivo de profundizar aún más en el amplio y hermoso tema pastoral. Los tres son el resultado de mis vivencias durante más de cuatro décadas de ministerio pastoral y de un amplio ejercicio de reflexión y estudio de la palabra de Dios, con el concurso de la aportación que otros compañeros de ministerio han añadido y la perspectiva que da el conocer cómo se desarrolla la obra de Dios más allá de mi iglesia local, no solo en España sino también en algunos otros lugares del planeta.

Si en el primero trataba de definir un perfil pastoral para el nuevo siglo y en el segundo me centraba en una visión más íntima y personal del ministerio pastoral, en este tercer volumen intento aproximarme al profundo carácter espiritual de tan privilegiada misión como es la de pastorear la iglesia de Dios.

Soy consciente de la responsabilidad que implica, no solo escribir acerca de este tema, sino esa que los pastores tenemos delante de Dios ante la sublime tarea que se nos encomienda y de la que, en su día, habremos de dar cuentas al Señor. Con "temor y temblor", como decía el apóstol Pablo, me enfrento a textos como los de Jeremías o Ezequiel, que muestran el desagrado de Dios por el comportamiento y la trayectoria de los "pastores de Israel" o incluso de sus "profetas", aquellos dirigentes del pueblo desaprensivos y ciegos a los que Dios tenía que amonestar con rigor, acusándolos de "apacentarse a sí mismos" y de andar "de monte en collado" olvidándose de sus propios rediles con el resultado de que las ovejas están confusas y amedrentadas, esparcidas por los montes, sin dirección, guía o alimento. Los llama "necios", sin paliativos.

También Jesús arremete contra los supuestos dirigentes espirituales del pueblo de su propio tiempo, la casta de los fariseos, escribas y sacerdotes, a quienes directamente llama "hipócritas", "insensatos" y "guías ciegos".

No pretendo ser negativo ni crítico con nadie en particular al referirme a estos textos, solo que me sobrecoge pensar que yo mismo pudiera estar incurriendo en los pecados de aquellos líderes indignos. Y al reflexionar sobre mí mismo, animo también al lector, si es pastor o pastora, o ejerce cualquier otro ministerio, a hacerlo con humildad y sinceridad, pues a veces flaqueamos en alguna medida o nos dejamos influenciar o llevar por la corriente de ahí fuera, malentendiendo cual es el fin de nuestro ministerio y *qué* y *quién* lo sustenta y lo hace florecer y fructificar.

Lo que deseo resaltar es lo importante que es estar muy cerca del corazón de Dios, de donde procede toda bondad y toda misericordia, porque, como escribe Santiago, el hermano del Señor, "toda buena dádiva y todo don perfecto desciende de lo alto, del Padre de las luces, en el cual no hay mudanza ni sombra de variación" (St 1:17). Allí está la fuente inagotable de la gracia divina, todo lo que necesitamos para cumplir fielmente la misión encomendada. No son nuestros recursos los que nos llevarán al éxito, sino los suyos. Si queremos llenar el depósito de nuestro automóvil de combustible, vamos a la gasolinera; si queremos proveernos de agua, vamos a la fuente o abrimos el grifo o la llave que la tecnología nos ha traído a nuestra propia casa; y si queremos pastorear no nos queda otro remedio ni hay otro lugar a donde acudir que el propio corazón de Dios, donde reside el *Logos* divino, la Sabiduría eterna, el príncipe de todos los pastores.

Recibir un encargo de parte de Dios —una encomienda o misión— es una gran responsabilidad pero también un enorme privilegio, pues Dios "nos encargó a nosotros [escribe Pablo] la palabra de la reconciliación. Así que, somos embajadores en nombre de Cristo, como si

Dios rogara por medio de nosotros; os rogamos en nombre de Cristo: Reconciliaos con Dios" (2 Co 5:19-20).

¿No es un privilegio ser "embajadores" de Cristo? ¿que Dios nos use para anunciar sus buenas nuevas y ser portadores del mensaje de reconciliación entre él y los hombres? Ciertamente lo es, así como también una responsabilidad como ya hemos dicho y el mismo apóstol reconoce: "Si anuncio el evangelio, no tengo por qué gloriarme, porque me es impuesta necesidad; y ¡ay de mí si no anunciara el evangelio!" (1 Co 9:16).

Estimado compañero o compañera en el ministerio, deseo que cuanto sigue te sea de bendición e inspiración. Te lo dedico, como hace unos días decía en un encuentro telemático con pastores de la capital federal de México: no desde la cátedra de quien sabe algo, poco o mucho, sino desde el sillón de la reflexión pausada y tranquila, con el simple deseo de compartir lo que entiendo que la palabra de Dios me dice, con la ayuda preciosa del Espíritu Santo que la ilumina. Tengo en alta estima el ministerio pastoral; he cubierto casi 50 años en pleno ejercicio, con experiencias diversas, pero siempre viendo la mano de Dios y su gloria manifestándose a mi alrededor. He desempeñado funciones diversas en la obra de Dios, he cometido errores, he alcanzado metas, he aprendido mucho, he tenido que desaprender también otras cosas, porque de todo hay en la vida, que cambia constantemente y te hace cambiar, pero hasta aquí, "la mano del Señor ha estado conmigo" y con mi familia, mi esposa y mis hijos. Solo puedo darle la gloria a Dios y las gracias por su amor y misericordia.

Amén.

CAPÍTULO 1

El corazón de Dios

¡Profundidad de las riquezas, de la sabiduría y
del conocimiento de Dios!
¡Cuán insondables son sus juicios
e inescrutables sus caminos!

Romanos 11:33

Al abordar este capítulo sobre el corazón de Dios hemos de hacernos una pregunta: ¿A qué se refiere la Escritura cuando habla del *corazón* de Dios? ¿acaso Dios tiene un corazón como nosotros, o manos, o pies, como tantas veces habla la Escritura?

Cualquiera que tenga unos conocimientos de literatura o de hermenéutica sabe que esto es un recurso expresivo del lenguaje llamado *antropomorfismo*, que consiste en atribuir a un ser no humano, o a una cosa o idea, características humanas. Sabemos que Dios no es "hombre" –aunque se hizo hombre en Cristo Jesús, pero esa es otra historia que vino después– sino espíritu, categoría que, de nuevo, utilizando otro recurso del lenguaje llamado *símil*, se equipara al aliento o al viento, tratando de describir algo inmaterial que, como le dijo Jesús a Nicodemo, "sopla de donde quiere, y oyes su sonido, pero no sabes de dónde viene ni a dónde va" (Jn 3:8). El Espíritu de Dios es su aliento, pero Dios no tiene pulmones. Entonces, quiere decir que se equipara al "respirar" de Dios. Un cuerpo que no respira, está sin "espíritu", está muerto. Dios es la vida, y esa vida nos es dada por medio de Jesucristo.

Es que Dios es *otro* tipo distinto de ser, absolutamente *otro*, que se categoriza en la Escritura con el concepto de *santo*, siendo la santidad el carácter de Dios que lo distingue de su creación. Es lo que se llama la *alteridad* de Dios –del latín *alter*, otro. Está muy claro que Dios es moralmente distinto a nosotros, los seres humanos, e incluso a los ángeles y criaturas celestes, pero sobre todo, lo que lo hace distinto es su *esencia*, la naturaleza de su ser. Como dijo Paul Tillich en frase sorprendente y polémica, "Dios no existe. Dios es", porque la existencia es cualidad de los seres creados, mientras que a él le corresponde la cualidad absoluta de SER. Nosotros somos sus criaturas; él es el Creador, increado, sin origen ni fin. Existimos, porque él nos ha dado la existencia y el ser, y sin él ni existiríamos ni seríamos.

Dios, en su revelación, para que en alguna medida lo podamos entender, ha infundido el lenguaje en los seres humanos, obra cumbre de su creación; y como desea vivir en relación con nosotros, utiliza nuestros propios medios de comunicación para poder hablarnos. Es lo que la teología llama lenguaje analógico, por similitud, porque de otro modo no podríamos entender nada de Dios. Así, al menos, nos aproximamos.

Dios no tiene cuerpo físico, aunque el *Logos* divino, a quien llamamos 2ª persona de la Trinidad, expresión teológica para que podamos entender que Dios, aun siendo uno y solo uno, es Padre, es Hijo y es Espíritu Santo, porque así lo revelan las Escrituras. Además, esos tres componentes de la divinidad única, no son meras funciones o "modos" divinos, sino que tienen voluntad propia, siendo interdependientes. A la Divinidad así revelada en las Escrituras llamamos Trinidad, término acuñado por Tertuliano y que, aunque no está en la Biblia, trata de expresar de la mejor manera posible, aunque limitada, una verdad bíblica que supera nuestra capacidad de comprensión racional pero que no por eso deja de ser cierta, porque, aunque nos cueste admitirlo, nuestra capacidad racional no es la medida de todas las cosas. El universo nos supera, no cabe duda; y Dios nos supera infinitamente más.

La Biblia también habla del corazón de los hombres, aunque bajo un diagnóstico fatal, pues ya en el libro de los orígenes, el Génesis, dice que "todo designio de los pensamientos de su corazón sólo era de continuo el mal" (cp. 6:5), o que "el corazón del hombre se inclina al mal desde su juventud" (cp. 8:21). Todos conocemos el texto de Jeremías que dice que el corazón del hombre es "engañoso más que todas las cosas y perverso" (Jr 17:9); y Jesús amplia el diagnóstico y lo detalla: "De dentro, del corazón de los hombres, salen los malos pensamientos, los adulterios, las fornicaciones, los homicidios, los hurtos, las avaricias, las maldades, el engaño, la lujuria, la envidia, la calumnia, el orgullo y la insensatez. Todas estas maldades salen de dentro y contaminan al hombre" (Mr 7:21-23). Es evidente que esta descripción del corazón humano contrasta diametralmente con la que se hace del corazón de Dios a lo largo de toda la Biblia. Creo que Jesús lo describió con mucha precisión y no hay quien lo pueda negar.

Con todo, también se dice que Dios "todo lo hizo hermoso en su tiempo, y *ha puesto eternidad* en el corazón del hombre, sin que este alcance a comprender la obra hecha por Dios desde el principio hasta el fin" (Ecl 3:11), lo que le confiere una dimensión que lo hace susceptible de entenderse con Dios y de percibir en alguna medida todo cuanto tiene que ver con su Creador, siempre y cuando actúe en él la iluminación del Espíritu Santo. El apóstol Pablo declara lo siguiente: "Si nuestro evangelio está aún encubierto, entre los que se pierden está encubierto; esto es, entre los incrédulos, a quienes el dios de este mundo les cegó el entendimiento, para que no les resplandezca la luz del evangelio de la gloria de Cristo, el cual es la imagen de Dios" (2 Co 4:3-4). El evangelio está encubierto –no lo pueden percibir ni entender– para quienes son incapaces de creer en él; y esto es así debido a que Satanás, el dios de este mundo, ha cegado sus entendimientos para que no crean, esos que "se pierden, por cuanto no recibieron el amor de la verdad para ser salvos" (2 Ts 2:10). Así que es posible, gracias a esa dimensión de eternidad que Dios ha puesto en el corazón humano, llegar a percibir las cosas de Dios.

Es cierto que no hay un capítulo ni un párrafo concreto en alguno de los libros que constituyen las Escrituras que explique en su plenitud cómo es el corazón de Dios. Pero a todo lo largo de los escritos bíblicos se van mostrando sus atributos y las profundidades de su ser de manera paulatina y progresiva. Las propias historias bíblicas, con personas humanos reales en trato con Dios nos van mostrando cómo es él. Como reconoce Pablo glosando a Isaías: "Cosas que ojo no vio ni oído oyó ni han subido al *corazón del hombre*, son las que Dios ha preparado para los que lo aman.[1] Pero Dios nos las reveló a nosotros por el Espíritu, porque el Espíritu todo lo escudriña, aun *lo profundo de Dios*" (1 Co 2:9-10). El texto asocia de alguna manera el corazón humano y "lo profundo" de Dios, marcando la dificultad humana para entender esas profundidades, únicamente superada por el Espíritu Santo cuando ilumina la mente y el corazón de los que tienen a Cristo. Leyendo las Escrituras, por sus muchas referencias a determinados órganos del cuerpo, el corazón, los riñones, el vientre, los huesos, las entrañas, etc. sabemos que en realidad se habla del origen o de determinadas actitudes que residen en el interior de nuestra naturaleza. También se mencionan determinados miembros o sentidos, como los ojos, los oídos, la boca, los pies, las manos, etc. para expresar nuestras capacidades de ver, oír o actuar. En ocasiones, estas características se le atribuyen a Dios para que por analogía podamos entender en alguna medida cómo es o cómo puede obrar él en el medio natural y humano. El antropomorfismo alcanza su máxima expresión en la encarnación, tal como nos lo muestra el evangelio de Juan:

> Y el Verbo [Logos] se hizo carne
> y habitó entre nosotros lleno de gracia y de verdad;
> y vimos su gloria,
> gloria como del unigénito del Padre.
> Juan 1:14

Jesucristo, el Logos divino humanizado, es el mensaje más expresivo del corazón de Dios. Porque como sigue diciéndonos Juan en su prólogo al cuarto evangelio:

En el corazón de Dios, en sus más íntimas profundidades, residen sus pensamientos, sus sentimientos y sus planes, su mensaje para todo el cosmos que él creó, en donde colocó a los seres humanos; en definitiva, el Logos divino. La Biblia también se refiere a todo ello como el *secreto* o los secretos de Dios. Dice el profeta Amós, "Porque no hará nada Yahvé, el Señor, sin revelar *su secreto* a sus siervos los profetas"

---

[1] Isaías 64:4

(Am 3;7). Precisamente, lo que reprocha Dios a los malos pastores de su pueblo por boca de Jeremías es que viven ajenos a ese secreto: "Si ellos hubieran estado en *mi secreto*, habrían hecho oír mis palabras a mi pueblo, y lo habrían hecho volver de su mal camino y de la maldad de sus obras" (Jr 23:22). Las dos referencias al secreto del Señor tienen la misma raíz hebrea, que tiene que ver con fundamento, y es que, en las profundidades de Dios, en su corazón, están los fundamentos del universo y de su relación con los seres humanos.

Dios declara la infinita distancia que hay entre sus profundidades y las nuestras, entre su corazón y el nuestro: "Porque mis pensamientos no son vuestros pensamientos ni vuestros caminos mis caminos», dice Yahvé. Como son más altos los cielos que la tierra, así son mis caminos más altos que vuestros caminos y mis pensamientos, más que vuestros pensamientos" (Is 55:8-9). Dios piensa, siente y actúa de manera santa, es decir, totalmente diferente a como pensamos, sentimos y obramos nosotros, seres humanos. Su corazón está lleno de luz, el nuestro de oscuridad y tinieblas; el suyo rebosa amor; el nuestro, egoísmo, desconfianza, enemistad, rencor y odio. Ciertamente hay una diferencia.

Pero, una vez establecida la distancia, Dios se abre para que podamos penetrar en sus profundidades, en su secreto, para que podamos conocer su corazón:

Que habite Cristo por la fe en vuestros corazones [escribe el apóstol Pablo], a fin de que, arraigados y cimentados en amor, seáis plenamente capaces de comprender con todos los santos cuál sea la anchura, la longitud, la profundidad y la altura, y de conocer *el amor* de Cristo, que excede a todo conocimiento, para que seáis llenos de toda *la plenitud* de Dios" (Ef 3:17-19).

Según esta escritura, creo que podemos establecer dos principios básicos:

Uno: que, para tener un corazón según Dios, en nuestro corazón tiene que habitar Cristo, el Hijo de Dios, quien siendo Dios mismo y habitando en él (*pros ton Theon*, según Juan 1:1), nos revela al Padre, porque

La Ley fue dada por medio de Moisés,
pero la gracia y la verdad vinieron por medio de Jesucristo.

A Dios nadie lo ha visto jamás;
el unigénito Hijo, que está en el seno del Padre,
él lo ha dado a conocer.
Juan 1:17-18

Dos: que conocer el corazón de Dios para poder adaptar el nuestro al suyo significa conocer –vivir, experimentar y comprender– su amor, que es el amor de Cristo, porque "Dios es amor". Desarrollar el amor de Cristo en nosotros, fundamentarnos en él, nos permite conocer las profundidades del amor de Dios. Nada supera a esta experiencia. Por eso el apóstol Juan avisa: "El que no ama no ha conocido a Dios, porque Dios es amor" (1 Jn 4:8). Queda muy claro: quien no ama, no conoce a Dios. Es toda una sentencia. ¿Cómo podemos pensar que cargados de odio y resentimiento, espumando ira y violencia, llenos de rencor podemos estar en el camino de salvación? Mucho menos ejercer un ministerio, cualquiera que sea, y todavía menos, el de pastor.

Los pastores según el corazón de Dios son aquellos que lo conocen bien. Por supuesto, todo creyente genuino conoce a Dios, y de entre ellos, Dios llama a algunos para ejercer el ministerio de pastor. Pero, además, ha de ser alguien que conozca sus profundidades, que esté en "su secreto", y eso significa que es un proclamador de la Palabra, alguien que con su mensaje –palabra y testimonio[2]– hace volver a la gente de su mal camino, produce conversiones, consigue que el reino de Dios se extienda. Es alguien que, por vivir en cercanía y en intimidad con Dios, conoce bien su voluntad y, por tanto, se ajusta a ella, se conforma –en el sentido de adaptarse a su forma– y le obedece llevando así a efecto sus planes, su propósito para el individuo y para la iglesia.

Vemos esta verdad ilustrada negativamente por Saúl, primer rey de Israel. La impaciencia le llevó a cometer un error garrafal: ante la tardanza de Samuel, que se había comprometido a llegar pero que no llegaba, Saúl opta por actuar *por su cuenta* y ofrece el sacrificio que le correspondía ofrecer a Samuel como profeta de Dios y sacerdote. Las palabras de Samuel son definitivas:

---

[2] Recordar la máxima de M. McLuhan, "El mensaje es el medio".

Locamente has actuado; si hubieras guardado el mandamiento que Yahvé, tu Dios, te había ordenado, Yahvé habría confirmado tu reino sobre Israel para siempre. Pero ahora tu reino no será duradero. Yahvé se ha buscado *un hombre conforme a su corazón*, al cual ha designado para que sea príncipe sobre su pueblo, por cuanto tú no has guardado lo que Yahvé te mandó. (1 S 13:13-14).

Aquel hombre conforme al corazón de Dios fue David.

El día que Samuel acudió a casa de Isaí para ungir al futuro rey de Israel, viendo al mayor pensó que no había duda, que él era el escogido, pero Dios le dijo: "No mires a su parecer, ni a lo grande de su estatura, porque yo lo desecho; porque Yahvé no mira lo que mira el hombre, pues el hombre mira lo que está delante de sus ojos, pero *Yahvé mira el corazón*" (1 S 16:7). No son las apariencias, ni las capacidades humanas las que nos potencian para servir al Señor. Dios mira nuestro corazón, si en él cabe su presencia, si es dócil y moldeable; puede que sea imperfecto, como seguramente lo será, pero que sea un corazón que permita a Dios modelarlo "conforme al suyo", como barro en sus manos al que da la forma que él quiere.

Sabemos que David, aquel hombre conforme al corazón de Dios, cometió enormes errores, pecados horribles que hicieron mucho daño, por los que pagó caro; pero siempre fue capaz de reconocerlos y de arrepentirse. Autor de toda una colección de Salmos, escribe:

> ¿Quién puede discernir sus propios errores?
> Líbrame de los que me son ocultos.
> Preserva también a tu siervo de las soberbias,
> que no se enseñoreen de mí.
> Entonces seré íntegro
> y estaré libre de gran rebelión.
> Salmo 19:12-13

Y también:

> Los sacrificios de Dios son el espíritu quebrantado;
> al *corazón contrito y humillado* no despreciarás tú, oh Dios.
> Salmo 51:17

25

Si somos *pastores según el corazón de Dios*, no es necesario que seamos perfectos, en el sentido que no cometamos errores, pues sin lugar a dudas los cometeremos, pero sí que nuestro corazón sea capaz de reconocerlos humildemente, pedir perdón por ellos y corregirlos. Es decir, hemos de ser moldeables, capaces de aprender de las lecciones de la vida y de cambiar por la acción del Espíritu Santo. La persona que llega a la conclusión de que ya lo sabe todo, que no necesita avanzar, ha llegado también al nivel de máxima incapacidad. La realidad lo irá dejando atrás hasta llegar a ser irrelevante. El problema suele ser que uno no se da cuenta de esta realidad hasta que se crea un desfase casi infranqueable.

Quizá, una de las lecciones importantes que hemos de aprender es la de abandonar la rigidez, la dureza –que a veces llega a ser crueldad o, como mínimo, insensibilidad– y dejarnos moldear por el Espíritu dulce y tierno de Dios. He mencionado antes algunas palabras de Pablo dirigidas a los tesalonicenses. Me refiero de nuevo a esa primera carta suya, citando palabras entrañables del apóstol para sus convertidos: "Nos portamos con *ternura* entre vosotros, como cuida una madre con *amor* a sus propios hijos. Tan grande es nuestro *afecto* por vosotros, que hubiéramos querido entregaros no sólo el evangelio de Dios, sino también nuestras propias vidas, porque habéis llegado a sernos muy *queridos*" (1 Ts 2:8). ¡Qué palabras escritas por alguien tenido por rudo o "tosco en la palabra"! (2 Co 11:6). Habla de *ternura* como característica de su trato con los creyentes, de amor materno, de afecto, de sentimiento entrañable, y se refiere a sus interlocutores como "muy queridos".

En la introducción del libro *Ternura, la revolución pendiente*, escrito por varios autores,[3] se dice lo siguiente: "Necesitamos revisar los

---

[3] Segura, Harold, y otros autores, editado por CLIE. Es un libro interesante por la perspectiva básica que presenta, aunque debido a ser escrito por diversos autores de distinta procedencia y adscripción el resultado es bastante desigual. Hay buenos capítulos, con buen contenido y exégesis interesantes. Otros no tanto, con un lenguaje más propio de la teología de la liberación y su consiguiente ideología política que de un libro de contenido teológico propiamente dicho. No obstante, siguiendo la máxima paulina de "examinarlo todo y retener lo bueno", merece la pena leerlo y sacar conclusiones propias. Es un libro escrito principalmente para tratar los problemas de la niñez y la adolescencia y de qué manera las iglesias cristianas pueden responder a ellas en el contexto de la América Latina, con sus especiales características. Requiere, por tanto, una lectura con mente abierta sin eliminar el espíritu crítico si lo leemos desde otras perspectivas.

discursos, las prácticas y las vivencias de la fe en los que la ternura se haya anulado e incorporarla desde las voces de los niños, las niñas y los adolescentes" (p. 24).

La pastora de la iglesia Presbiteriana-Reformada de Cuba, Ofelia Ortega, en el capítulo que le corresponde escribir, titulado "Presencia de la ternura en el Primer Testamento", hace una descripción de la ternura con un alto contenido poético, que me permito reproducir:

La ternura es una palabra o un silencio que se convierte en ofrenda para el que sabe escucharlo con confianza. Es nuestra mirada de asombro ante todo cuanto nos ofrecen; es nuestra mirada de amor ante todo cuanto nos dan. Es saber dar y recibir al mismo tiempo; es saber aceptarnos en el momento presente; es aprender a desarrollar nuestra capacidad para no vivir de la nostalgia, de los recuerdos o de la amargura del pasado. Es aprender a no perseguir el futuro, idealizándolo o anticipándonos a él. Es aprender a aceptar realmente dónde estamos. Es una galaxia que viaja por el cielo de los encuentros, que nos prolonga hasta las estrellas de la vida. (P. 179).

Jesús es nuestro modelo de ternura, de afecto y de cercanía, de misericordia. Nadie como él. El libro, en general, corrige el error de considerar al Dios del Antiguo Testamento como severo y justiciero, rescatando del olvido que Dios, justo por supuesto, es sobre todo Dios de misericordia, manifestada infinitamente con su pueblo, un pueblo "rebelde y contradictor". La parábola del hijo pródigo es una muestra de ello. El padre, personaje principal, que representa a Dios, es capaz de correr al encuentro de su hijo rebelde, el "malo", y de dialogar con el mayor, supuestamente el "bueno", rompiendo todos los esquemas propios de su tiempo y cultura. Ese mismo es el Dios del Antiguo Testamento, un Dios tierno y amoroso, de misericordia sin límites. Ese es también nuestro Dios hoy.

En los capítulos que siguen nos ocuparemos de dos sentimientos que habitan el corazón de Dios, el amor y la misericordia, porque ambos han de habitar en nuestros corazones igualmente. No olvidemos que ambos son *frutos* del Espíritu Santo, es decir, que no nacen de nuestro propio corazón, sino que solo él los puede producir. El corazón de Dios es nuestra fuente inagotable de recursos para el buen desarrollo y cumplimiento de nuestra misión pastoral, que no es otra que la que Jesús encomendó a Pedro a orillas del mar de Galilea: "Apacienta mis corderos… apacienta mis ovejas" (Jn 21:15-17).

CAPÍTULO 2

Oficio o sacrificio

> *Que en el día de Cristo yo pueda gloriarme de que no*
> *he corrido en vano, ni en vano he trabajado. Y aunque*
> *sea derramado en libación sobre el sacrificio y servicio*
> *de vuestra fe, me gozo y regocijo con todos vosotros.*
>
> Filipenses 2:16-17

Nos enfrentamos aquí a la naturaleza del ministerio pastoral: ¿es un oficio o profesión, o en realidad es un *sacrificio*, en el sentido de la entrega que uno hace de sí mismo ante el sublime llamamiento divino?

Hace años, habiendo sido invitado a compartir la Palabra con mis colegas de las Asambleas de Dios de Francia reunidos en una convención regional, consulté con uno de sus máximos líderes, la persona que me había invitado, acerca del tema que quería tratar, que no era otro que el ministerio pastoral. Usaba yo la palabra *métier*, la equivalente francesa a la española *oficio*, para referirme a su tarea rutinaria, su labor como siervo o sierva de Dios. Se me desaconsejó usarla, porque mayoritariamente sería malentendida. Evidentemente, no la usé en mi exposición. Puede que, en los medios de habla española, tanto en España como en las Américas u otras tierras donde se hable nuestro idioma, haya personas a quienes también pueda desagradar el uso de la palabra *oficio* referida al ministerio, pero lo cierto es que nuestras Escrituras traducidas al español la usan. Lo importante no es la palabra en sí, sino cómo se usa, qué significado se le da y qué contenido conlleva. Veamos.

En el Antiguo Testamento la palabra se aplica a cualquier actividad laboral humana (ej. el oficio de copero, en Gn 40:21) como a la labor a desarrollar por sacerdotes y levitas (Nm 4:4,19,24). La palabra hebrea hace referencia a su labor o responsabilidad en el servicio del tabernáculo, a su ministerio.

En nuestras versiones Reina-Valera modernas del Nuevo Testamento, la palabra *oficio* aparece también con el doble significado, con la particularidad de que, por ejemplo, en Hechos 1:20, relativo a la sustitución de Judas como apóstol, en la frase "tome otro su oficio" ("que otro tome su cargo", dice la Biblia de las Américas), la palabra griega traducida por *oficio* o *cargo* es *episkopen*, correspondiente, como todos podemos identificar, con *episcopado* o *supervisión*. La versión RV1909, traduce literalmente por *obispado*. Pero cuando se habla de oficio como actividad laboral, por ejemplo, cuando se habla de Pablo que era fabricante de tiendas, como sus compañeros Aquila y Priscila (Hch 18:3), la palabra original griega para oficio es *techne*, de donde se derivan técnico, tecnología, tecnicismo, etc. y se refiere a la labor artesana.

Tras este breve análisis, podemos decir que, en cierto modo y según el contexto en que lo digamos, ocasionalmente el ministerio pastoral es un *oficio*, es decir, una actividad a la que nos dedicamos, aunque sea de carácter espiritual. No hay que escandalizarse por ello, pero, con todo, el ministerio pastoral es mucho más que un oficio. Por eso en el título del capítulo lo contrapongo a *sacrificio*. Ambos vocablos tienen en común el sufijo *-ficio*, que es indicativo de algo que se realiza, que se hace. El primero de los vocablos se refiere a una labor indeterminada, de cualquier índole, normalmente artesana, aunque habitual. La raíz del segundo de los vocablos es *sacri-*, que hace referencia a lo sagrado, por eso sacrificio es equivalente a *ofrenda*, lo que se ofrece de manera voluntaria y, en este caso, habitual. No olvidemos que la etimología de la palabra *sacerdote* es uno que hace u ofrece sacrificios. Todos los creyentes en Cristo somos sacerdotes, pues permanentemente le ofrecemos sacrificios espirituales, especialmente el sacrificio vivo de nuestra propia vida (Ro 12:1). Cuánto más quienes hemos dedicado nuestras vidas a servirle en el ministerio.

El ministerio pastoral no es, pues, una mera actividad profesional, sino la ofrenda de uno mismo al Señor en respuesta a su llamamiento. Es una vocación, un llamado a servir, por tanto, mucho más que el deseo que uno pueda tener de ser pastor, lo cual, según el apóstol Pablo puede ser legítimo, no es suficiente para que uno llegue a serlo cumpliendo así un anhelo personal. Todos conocemos el texto: "Si alguno anhela obispado, buena obra desea" (1 Ti 3:1). Cualquiera puede desear ser pastor, pero no cualquiera puede serlo, ni todo el que lo desea es llamado por Dios ni, por supuesto, llegará a serlo. Lo que dice la carta a los Hebreos, "nadie toma para sí esta honra, sino el que es llamado por Dios" (He 5:4), referido al sacerdocio de Aarón, es aplicable al ministerio pastoral o a cualquier otro. Sin llamamiento, no hay unción, y sin unción no hay respaldo divino ni, por tanto, ministerio.

Los estrictos requisitos que siguen en el escrito de Pablo muestran unos niveles muy elevados que superar. Con todo, sabemos muy bien que, en Cristo, cualquier don espiritual o ministerial depende de la voluntad de Dios, de su propósito para nuestra vida, es decir, de su llamamiento y de su gracia o provisión divina. He visto el esfuerzo improductivo de algunos por querer ser algo a lo que Dios no los había llamado, llegando al patetismo, además de la frustración que sufren ellos mismos y hacen sufrir a otros, cuando podrían estar disfrutando y haciendo que otros también disfruten de la bendición de ser lo que Dios realmente quiere que sean, aquello a lo que realmente Dios los llama y para lo que están disponibles los recursos inagotables de su gracia. Viven así ellos la bendición y hacen que otros también la vivan por medio de su labor respaldada por el Espíritu Santo.

El pastorado no es una mera profesión, aunque pudiéramos llamarla así por ser la actividad a la que los pastores nos dedicamos. El pastorado es un don de Dios, como bien establece Efesios 4, "a cada uno de nosotros fue dada la gracia conforme a la medida del don de Cristo" (v. 7), y añade después, "Él mismo [Cristo] constituyó a unos, apóstoles; a otros, profetas; a otros, evangelistas; a otros, *pastores* y maestros" (v. 11).

Muchos creyentes se quejan de que el ministerio pastoral está hoy en día demasiado profesionalizado, y puede que en algunos casos y lugares sea cierto. Pero no debemos confundirnos. Un buen pastor debe poder actuar con profesionalidad, es decir, cono conocimiento y capacitación, con sabiduría y eficiencia, añadiendo a su profesionalidad el espíritu pastoral del modelo del Buen Pastor, que es Jesús (Jn 10). Ser solo profesional, sin el componente espiritual, la similitud con el corazón de Dios, la unción divina, nos reduciría a la categoría de "asalariados" a la que se refiere Jesús: "Pero el asalariado, que no es el pastor, de quien no son propias las ovejas, ve venir al lobo y deja las ovejas y huye, y el lobo arrebata las ovejas y las dispersa. Así que el asalariado huye porque es asalariado y no le importan las ovejas" (Jn 10:12-13). En contrapartida, el buen pastor "da su vida por las ovejas". No hay mayor sacrificio que uno pueda hacer; como dijo Jesús a sus discípulos durante su última cena con ellos: "Nadie tiene mayor amor que éste, que uno ponga su vida por sus amigos" (Jn 15:13).

Por eso es un *sacrificio*, y no tan solo un *oficio*. Responder afirmativamente al llamado de Dios significa la entrega –la ofrenda sacrificial– de la propia vida. Cuando el Señor le pide a Ananías que vaya a ver a Pablo para que ore por él, ante las lógicas reticencias de Ananías, conocedor de la nefanda trayectoria previa de Pablo, el Señor le revela: "Ve, porque instrumento escogido me es éste para llevar mi nombre en presencia de los gentiles, de reyes y de los hijos de Israel, porque yo le mostraré cuánto le es necesario padecer por mi nombre" (Hch 9:15). Por un lado, le dice que Pablo, del que Ananías desconfía con razón, es un "instrumento escogido" del Señor, a quien va a encargar una misión específica: la de dar testimonio de su nombre a judíos y gentiles. Pero también añade, "yo le mostraré cuánto le es necesario *padecer* por mi nombre". Pablo dará testimonio de esto más adelante escribiendo a la iglesia en Corinto: "Nos recomendamos en todo como ministros de Dios, en mucha paciencia, en tribulaciones, en necesidades, en angustias, en azotes, en cárceles, en tumultos, en trabajos, en desvelos, en ayunos" (2 Co 6:4-5). Parece un mensaje pesimista. Lo ampliará después, más adelante, en el capítulo 11, como parte de su argumentación en defensa de su ministerio apostólico frente a quienes lo atacaban en la iglesia que él mismo había fundado. Pero el texto no se queda en la parte negativa, sino que reconoce lo mucho en lo que Dios le había asistido: "en pureza, en conocimiento, en tolerancia, en bondad, en el Espíritu Santo, en amor sincero; en palabra de verdad, en poder de Dios y con armas de justicia a diestra y a siniestra" (vv. 6-7). Concluye con una serie de contrastes, para resaltar la parte positiva sobre la negativa, a la vez que reconoce que ambas facetas forman parte de su llamamiento. Todo no es como nos gustaría, agradable y fácil, pero la bendición de Dios prevalece sobre los obstáculos propios del ministerio: "por honra y por deshonra, por mala fama y por buena fama; como engañadores, pero veraces; como desconocidos, pero bien conocidos; como moribundos, pero llenos de vida; como castigados, pero no muertos; como entristecidos, pero siempre gozosos; como pobres, pero enriqueciendo a muchos; como no teniendo nada, pero poseyéndolo todo" (vv. 8-10).

El problema de los problemas no son los problemas en sí, sino cómo los afrontamos: "como moribundos, pero llenos de vida", y todo lo demás que expone Pablo. No hay lugar para el pesimismo ni para el desaliento. La clave está en la confianza puesta en Dios. Cuando falta esta fe, y si falta es porque no hay fundamento en el cual apoyarse, es cuando nos deprimimos, cuando nos sentimos derrotados.

En su relato del naufragio sufrido por Pablo y sus compañeros de viaje, Lucas, que era uno de ellos, escribe: "Al no aparecer ni sol ni estrellas por muchos días, y acosados por una tempestad no pequeña, ya habíamos perdido toda esperanza de salvarnos" (Hch 27:20). Admito que es así como nos vemos muchas veces: no vemos ni sol ni estrellas por días, parece que la situación se agrava cada día más; nos sentimos acosados por la tormenta y pensamos que solo nos espera lo peor. Afortunadamente, Pablo había estado en contacto con Dios, quien lo había visitado por medio de su ángel. Pablo tenía revelación —es lo que necesitamos, revelación, que Dios nos hable— y sabía lo que había que hacer. No sería un rescate espectacular, no vendría una compañía de ángeles que los tomaría en volandas y los trasladaría a tierra, no. Habría que combinar determinadas actitudes con ciertas habilidades y contar con las circunstancias, pero sabiendo que Dios dirigiría todo; con la confianza puesta en el Señor, siguiendo las indicaciones del hombre de Dios, todo acabaría bien para sus vidas, aunque con ciertas pérdidas: se perdería la nave y todo su cargamento. Pero todos, absolutamente todos, salvarían la vida. Las pérdidas fueron solo cosas materiales, posiblemente de cierto valor, no cabe duda; pero lo realmente valioso eran las vidas de tantas personas, las de los creyentes y las de los no creyentes. A Dios le importan las personas, los seres humanos a quienes envió a su Hijo Jesucristo para rescatarlos de su estado de perdición. Esas mismas personas son las que han de importarnos a nosotros, por encima de cualquier otra cosa valiosa de carácter material: los creyentes y los no creyentes, porque por ambos murió Jesús.

El "contrato" de Pablo –permítaseme la figura– incluía todas aquellas cosas, pues el propósito de Dios para él era muy especial. ¿Qué incluirá nuestro "contrato"? No lo sé; sé parte del mío; pero, aunque no conozco todos los detalles, sé que algunas clausulas incluyen la posibilidad de "perder la vida" para ganarla –sea de forma virtual o real– estar "crucificado" con Cristo, renunciar a muchas cosas, etc. Lo que también sé es que "su voluntad" es "lo bueno, lo agradable y lo perfecto" para mí. El "contrato" –o pacto, si quieres– no obstante, nos garantiza vida eterna, que comienza aquí, dirección por medio del Espíritu Santo, fortaleza, protección, sustento, gozo, victoria, y multitud de otras cosas incluidas en la expresión "toda buena dádiva y todo don perfecto", que usa Santiago, y que procede de "arriba" (St 1:17).

El apóstol Pedro dice: "Si alguna cosa padecéis por causa de la justicia, bienaventurados sois. Por tanto, no os amedrentéis… ni os inquietéis. Al contrario, santificad a Dios el Señor en vuestros corazones" (1 P 3:14). Y en el capítulo 4 añade:

> No os sorprendáis del fuego de la prueba que os ha sobrevenido, como si alguna cosa extraña os aconteciera. Al contrario, gozaos por cuanto sois participantes de los padecimientos de Cristo, para que también en la revelación de su gloria os gocéis con gran alegría. Si sois ultrajados por el nombre de Cristo, sois bienaventurados, porque el glorioso Espíritu de Dios reposa sobre vosotros" (vv. 12-14).

Las implicaciones de nuestra ofrenda al Señor son las propias del sacrificio, no han de sorprendernos, y no son motivo para que entremos en depresión y desesperanza. Antes bien, debemos gozarnos porque suponen una bienaventuranza, pues la presencia del Espíritu de Dios está sobre nosotros.

El ruego de Pablo a los creyentes de Roma es especialmente válido para nosotros los pastores:

> Hermanos, os ruego por las misericordias de Dios que presentéis vuestros cuerpos como *sacrificio vivo*, santo, agradable a Dios,

que es vuestro verdadero culto. No os conforméis a este mundo, sino transformaos por medio de la renovación de vuestro entendimiento, para que comprobéis cuál es la buena voluntad de Dios, agradable y perfecta. Romanos 12:1-2.

El ministerio genuino es una ofrenda total hecha a nuestro Señor y a favor de nuestros hermanos, es la ofrenda del servicio en imitación suya, que no vino "para ser servido", sino "para servir". Pablo reconoce en su carta a los Filipenses: "Que en el día de Cristo yo pueda gloriarme de que no he corrido en vano, ni en vano he trabajado. Y aunque sea derramado en *libación* sobre el *sacrificio* y *servicio* de vuestra fe, me gozo y regocijo con todos vosotros" (cp. 2:16-17).

Libación, sacrificio, servicio… GOZO.

Amén.

CAPÍTULO 3

La misericordia como norma

Porque misericordia quiero y no sacrificios,
conocimiento de Dios más que holocaustos.

Oseas 6:6

¡Qué tremenda palabra, misericordia! ¡Y qué ajena a la realidad humana! En el texto del encabezamiento va ligada al "conocimiento de Dios". Podemos decir que, así como el evangelista Juan escribe que "el que no ama no ha conocido a Dios, porque Dios es amor" (1 Jn 4:8), quien no ejerce misericordia, tampoco lo conoce, porque el corazón de Dios está lleno de misericordia.

La misericordia es uno de los principales atributos divinos: implica emoción y sentimiento, acompañados de acción. Es una palabra muy bíblica, que aparece cientos de veces entre el Antiguo y el Nuevo Testamento, mayormente referida a Dios en su relación con los seres humanos, aunque también como algo que se nos exige a nosotros como hijos de Dios.

No olvidemos que, según Santiago, "la misericordia triunfa sobre el juicio" (St 2:13), según la versión más literal de 1909, "se gloría contra el juicio", es decir, que la misericordia prevalece sobre el juicio, al que se aferran los justicieros, los implacables y dogmáticos, los talibanes de

37

todo credo a los que nosotros tampoco somos ajenos. La misericordia está por encima y Dios lo ha demostrado enviando a su Hijo, "para que todo aquel que en él cree, no se pierda, sino que tenga vida eterna" (Jn 3:16).

Son varias las palabras de las Escrituras hebreas que son traducidas por misericordia. La más común es *hesed*, y está relacionada con benevolencia, amor, perdón, etc. El lector puede recurrir a una concordancia exegética, como la Young o la Strong, y comprobar cuántas veces aparece en cualquiera de los dos Testamentos. Es notable las muchas veces que aparece en los Salmos, un libro especialmente emocional en el que se expresan libremente los sentimientos humanos y también los divinos. ¡Cuán necesaria es la misericordia!

En la Escrituras cristianas del Nuevo Testamento, son tres las palabras griegas traducidas mayoritariamente por misericordia, pero la más común es *eleos,* también utilizada por los filósofos y escritores griegos profanos.

Nuestra palabra latina (en español, catalán, gallego, portugués, italiano, francés…) tiene el componente *cordis*, que significa corazón. El pastor según el corazón de Dios no puede prescindir de esta poderosa virtud, que está incluso por encima del sacrificio, tal como nos muestra el texto ya mencionado de Oseas.

Muchas veces la palabra misericordia se asocia a otras como amor, verdad, justicia, etc. Por ejemplo, Zacarías 7:9, "Juzgad conforme a la *verdad*, y haced *misericordia* y *piedad* cada cual con su hermano" (Zc 7:9).

El pastor –hombre o mujer– según el corazón de Dios ha de conocer lo que es la misericordia de Dios asociada a su verdad. Efesios 4:15 habla de "seguir la *verdad* en *amor*", otro ingrediente imprescindible, pero del que nos ocuparemos en el capítulo que sigue.

Ahora, ¿por qué Dios es misericordioso?

La respuesta es, porque sin sus misericordias nuestra condición de caídos no tendría remedio. El profeta Jeremías, en sus Lamentaciones, proclama: "Por la misericordia de Yahvé no hemos sido consumidos, porque nunca decayeron sus misericordias; nuevas son cada mañana. ¡Grande es tu fidelidad!" (Jr 3:22-23). La gran característica que rige en las relaciones de Dios con nosotros, sus criaturas, es la misericordia. No puede ser de otra manera, porque su justicia requeriría el castigo por el pecado. La única solución es la amnistía, el perdón, pero para que este sea viable y aceptable en justicia, es la misericordia de Dios, su compasión por la humanidad y por su creación entera, la que ha previsto y puesto en marcha un plan de redención. Dios, como ser justo, no puede simplemente mirar a otro lado y decir, "¡Todo está bien, no pasa nada!" El apóstol Pedro afirma: "El Señor… es paciente para con nosotros, no queriendo que ninguno perezca, sino que todos procedan al arrepentimiento" (2 P 3:9).

¿Por qué todo esto cuando estamos hablando de pastores y a pastores? Porque en nuestro trato con las ovejas hemos de tenerlo muy claro, para que no pensemos que estamos en la posición de fiscales, o de perseguidores del pecado, que para eso ya hay quien se ocupa. Siempre me repito a mí mismo para que no se me olvide, lo que dice Hebreos respecto del sacerdote, que "puede mostrarse paciente con los ignorantes y extraviados, puesto que él también está rodeado de debilidad" (He 5:2; cf. 7:28). Y Pablo es claro amonestando a los gálatas: "Hermanos, si alguno es sorprendido en alguna falta, *vosotros que sois espirituales*, restauradlo con espíritu de mansedumbre, *considerándote a ti mismo*, no sea que tú también seas tentado. Sobrellevad los unos las cargas de los otros, y cumplid así la ley de Cristo" (Ga 6:1-2). Eso es misericordia: al errado se le corrige con "espíritu de mansedumbre", conociendo nuestra propia debilidad e inclinación al error. Y, como nos recomienda el proverbio: "Con misericordia y verdad se corrige el pecado, y con el temor de Yahvé los hombres se apartan del mal" (Pr 16:6). Esa es nuestra misión a la hora de corregir y de restaurar. La verdad que libera, y la misericordia que recibe, sana y restaura. No hay como infundir el temor de Dios en el corazón de las personas para que se aparten del mal, como el vértigo nos aleja del borde del precipicio.

Como hemos dicho, son cientos los textos bíblicos que hablan de misericordia, tanto referida a Dios como parte de su carácter, como en relación con nosotros, sea por la necesidad que tenemos de experimentar la misericordia de Dios como por la invitación que se nos hace a practicarla con los demás. Un texto que me anima a hacerlo es Proverbios 11:17, que dice, "A su alma hace bien el hombre misericordioso, pero el cruel se atormenta a sí mismo". Si fuéramos capaces de hacer un verdadero examen de muchas de nuestras actuaciones – hablo en general– nos daríamos cuenta de cuántas veces en nuestro mundo eclesiástico hemos obrado con crueldad, humillando al caído, rematando al herido, echando al equivocado, declarando en rebeldía a quien no aceptaba nuestros planteamientos, cerrando las puertas de regreso al que se había apartado del camino recto, etc. Hemos pensado que estábamos preservando la casa de Dios del error y de la contaminación, cuando en realidad estábamos actuando injustamente; fuimos justicieros, pero no justos. Siempre viene a mi mente el caso de José, el esposo de María, la madre de Jesús. El evangelio de Mateo lo llama justo por no haber querido infamar a su novia encinta sin su intervención, lo que para él era muestra evidente de su infidelidad. Sabemos lo que dice la Ley, pero como afirma Pablo, la Ley mata, porque su fin es condenar. El Espíritu vivifica, da vida, sana, restaura. Quien hace misericordia beneficia a su propia alma; no necesita terapia para su desequilibrio psicológico, porque no hay nada más equilibrante que la misericordia, que la benignidad para con los demás. Las personas patológicamente estrictas con el prójimo, los justicieros y perfeccionistas, viven amargados y amargando a los demás. Son dañinos y tóxicos. Con esto no quiero decir que tengamos que ser indulgentes con el pecado o con los errores ajenos. No, no hay que serlo; ni con los propios tampoco. Simplemente significa que hay que tratar los casos como lo haría Jesús, o como aconseja Pablo, con mansedumbre, con prudencia, con respeto hacia el caído, sabiendo que nosotros mismos podemos caer en el error, tendiendo la mano para levantar al caído tal como nos gustaría que nos la tendieran a nosotros en el caso de caer, lo cual es absolutamente probable, dada nuestra condición humana. Si no caemos más veces es porque Dios nos guarda, pero para ello hemos de permanecer humildes, porque al altivo Dios lo deja a merced de sus propias capacidades y, como es natural, más tarde o más temprano, acaba tropezando y cayendo en aquellas mismas cosas en las que ve caer al prójimo.

Mateo nos cuenta que Jesús, "Al ver las multitudes *tuvo compasión* de ellas, porque estaban desamparadas y dispersas como ovejas que no tienen pastor" (Mt 9:36). Por eso, a continuación, menciona la necesidad de enviar "obreros a la mies", una metáfora del ministerio, porque "a la verdad la mies es mucha, pero los obreros pocos" (v. 37). La palabra traducida por "tuvo compasión" es una de las variantes del Nuevo

Testamento sinónima de misericordia y que literalmente significa que se conmovió en sus entrañas ante la visión de un pueblo disperso y confundido, siendo ese pueblo el suyo propio, el Israel de Dios. Esas mismas entrañas son las que se nos han de conmover a nosotros ante nuestro pueblo, sea cual sea su condición espiritual. Débora se sintió madre en Israel, y nosotros, pastores y pastoras, hemos de sentirnos igualmente conmovidos por un profundo sentimiento de empatía con el pueblo de Dios, con nuestras congregaciones, sean como sean, imperfectas, latosas o brillantes en la fe. Ya sabemos que hay mucha gente desagradecida, mucha gente remisa, muchos oidores de la palabra y pocos hacedores, pero nuestro sentimiento ha de ser el mismo que habita en el corazón de Dios.

Se suele decir que la obra misionera está o nace en el corazón de Dios. ¡Claro que sí! Pero en el corazón de Dios hay muchas cosas más, está su obra plena, también el atender a las ovejas, protegerlas y cuidar de ellas, llevarlas a buenos pastos, curarlas, etc. "Yo soy el buen pastor [dice Jesús] y *conozco mis ovejas, y las mías me conocen,* así como el Padre me conoce y yo conozco al Padre; y pongo mi vida por las ovejas" (Jn 10:14-15). La labor pastoral de Jesús, y en consecuencia la nuestra, nace y ocurre en el corazón de Dios. Conocer a Dios, conocer las profundidades de su corazón, es fundamental para quien le sirve.

Como pastores según el corazón de Dios hemos de hace de la misericordia nuestra norma de actuación. He oído muchas veces la expresión, "no hagas esto o aquello, porque no le gusta al pastor", verbalizada por alguien aconsejando a otro. ¡Qué visión más errónea de la función espiritual que ejerce el pastor! Nuestra tarea no es perseguir a las ovejas a ver qué hacen o qué no hacen, sino guiarlas a buenos pastos. Como creyentes no estamos para agradar al pastor sino a Dios, pero tampoco el hecho de que una afirmación tal no sea afortunada ha de servirnos para ir por libre por la vida, sin rendir cuentas a nadie y desoyendo los consejos pastorales. La autoridad no está reñida con la misericordia, antes bien, "La misericordia y la verdad guardan al rey, y con clemencia se sustenta su trono [símbolo del fundamento de su autoridad]" (Pr 20:28). Evidentemente, los pastores no somos soberanos sobre nuestras congregaciones, pero sí desempeñamos una autoridad delegada por Dios, que es lo que representa el rey aquí.

Dios es misericordioso y quiere que nosotros también lo seamos. La misericordia de Dios nace de su amor, ese amor que le llevó a encarnarse como ser humano y morir por nosotros, pagando así la deuda de nuestros pecados, los de toda la humanidad, satisfaciendo así su justicia.

El amor, pariente de la misericordia, es el tema del capítulo que sigue.

CAPÍTULO 4

El amor como motor

El amor de Cristo nos constriñe…

2 Corintios 5:14

Que Dios es amor es una verdad archiconocida para todo cristiano. Y el amor es la esencia del cristianismo: "Un mandamiento nuevo os doy: Que os améis unos a otros; como yo os he amado, que también os améis unos a otros. En esto conocerán todos que sois mis discípulos, si tenéis amor los unos por los otros" (Jn 13:34-35).

El texto tiene cierto contenido inquietante. Para empezar, el hecho que Jesús hable de un "mandamiento nuevo". ¿Acaso la Ley no promovía el amor? Cito el comentario de Pérez Millos a este versículo:

En el griego hay dos adjetivos que se traducen al castellano con esta palabra [nuevo], uno es *neos*, que significa *nuevo, reciente, joven;* el otro es el que aparece aquí, *kainós*, que aunque significa *nuevo*, no significa que aparece en aquel momento, sino que existiendo desde antes, no envejece, sino que se mantiene novedoso siempre […] el mandamiento se da renovado, ya que el antiguo decía *amarás a tu prójimo como a ti mismo,* pero no establecía correspondencia alguna del prójimo hacia el que le amaba. Sin embargo, ahora determina la mutua correspondencia en el amor, todos debían amar a todos, *unos a otros*" (cursivas del autor).[4]

Además, el amor ha de ser mutuo, como bien señala Pérez Millos. Lo del prójimo queda un poco impreciso, porque, ¿quién es el prójimo? La mayoría de las personas ignoran que *prójimo* significa *próximo*, es decir, la persona que está a tu lado, la más cercana, aquella con la que te rozas, por tanto, con la que no puedes evitar sentirte implicado y solidario, no un hipotético y virtual ser humano indefinido situado a una distancia de prudencial seguridad –quiero decir, que no te importa nada. Pero amarse unos a otros se refiere a los discípulos que estaban juntos, que formaban un equipo, que tenían que soportarse a diario con sus torpezas, sus manías, sus malentendidos, etc. Jesús se pone de modelo: "como yo os he amado". Pero añade, "que *también* os améis los unos a los otros". También es inclusivo. No estamos al margen ni podemos estarlo. El mandamiento –porque no es una sugerencia, es un mandamiento en toda regla– nos implica directamente, y el amor que practiquemos los unos con los otros ha de ajustarse y seguir el modelo de Jesús, no un amor devaluado, mucho menos falsificado; ha de ser el mismo amor sacrificial de Jesús. Tras lavar los pies de sus discípulos, Jesús les dice: "Ejemplo os he dado para que, como yo os he hecho, vosotros también hagáis" (Jn 13:15). Y no fue esa la mayor muestra de amor que les mostró, porque como dice el evangelista al inicio del capítulo 13, los amó "hasta el fin", muriendo más tarde en la cruz por ellos, y por nosotros, por toda la humanidad.

El amor es, pues, la verdadera y genuina muestra de identidad del pueblo cristiano. "En esto se manifiestan los hijos de Dios y los hijos del diablo [escribe Juan]: todo aquel que no hace justicia y que no ama a su hermano, no es de Dios" (1 Jn 3:10). Más claro, el agua. Y si está tan claro, ¿por qué esas rencillas y rivalidades entre creyentes –y desgraciadamente entre siervos de Dios– que ponen de manifiesto su falta de amor?

Santiago, el hermano del Señor, llega a preguntar en su carta: "¿De dónde vienen las guerras y los pleitos entre vosotros? (St 4:1). Es una

---

[4] Pérez Millos, Samuel, *Comentario exegético al texto del Nuevo Testamento: Juan*, CLIE, Viladecavalls, 2016. P. 1.307.

tremenda pregunta a la que se responde él mismo achacándolos a las pasiones (gr. *hedonon*, búsqueda del placer), pero al profundizar, son las frustraciones las que llevan a las personas a reivindicar sus derechos al disfrute y enfrentarse así a quienes creen que son la causa de ellas. "No tenéis… nada podéis alcanzar… no tenéis lo que deseáis… no recibís…" (vv. 2-3). Expresiones que representan cómo se sienten muchos: profundamente frustrados. En consecuencia, "codiciáis… matáis y ardéis de envidia… combatís y lucháis… no pedís… pedís mal…"

Todo mal tiene su propia raíz. Si no hay amor, habrá frustración, porque siempre encontraremos una razón para justificar nuestras malas actitudes hacia los demás; y si hay frustración, todas esas dinámicas negativas y destructivas se manifestarán en nosotros y a nuestro alrededor. Merece la pena, pues, que miremos a nuestro interior para descubrir cuáles son nuestras propias frustraciones y las atajemos rápidamente, antes de que produzcan su emponzoñado fruto. El gran liberador de las frustraciones seculares que sufrimos los seres humanos se llama Jesús, el Ungido de Dios.

Pero el amor no es solo un sentimiento sublime; es una fuerza increíble. El amor de Dios por sus criaturas lo llevó a entregar al *Logos* eterno, su Hijo unigénito, para salvar al mundo de su estado de postración por causa del pecado que había roto la amistad entre Dios y los seres humanos. Escribe Pablo a los romanos: "Dios muestra su amor para con nosotros, en que siendo aún pecadores, Cristo murió por nosotros" (Ro 5:8).

Puede parecer que el uso de estos textos tan básicos es demasiado tópico y que, como pastores, estamos bien al tanto de ellos. Evidentemente; lo sé. Pero son básicos para establecer el contenido de este capítulo.

El motor de nuestro ministerio es el amor de Dios, que es lo que nos impulsa a servirle a él y a los hermanos.

El amor, esta clase de amor, como todos sabemos, es un fruto del Espíritu; es el primero de ellos: "El fruto del Espíritu es *amor*, gozo, paz, paciencia, benignidad, bondad, fe, mansedumbre, templanza; contra tales cosas no hay ley" (Ga 5:22-23). Los demás lo siguen y lo complementan.

Creo que no hay canto más bello al verdadero amor que el que el apóstol Pablo nos ha dejado escrito para la posteridad en su carta a los

Corintios. El prólogo a ese canto son los tres primeros versículos del capítulo 13, cargado de un alto grado de dramatismo:

Si yo hablara lenguas humanas y angélicas, y no tengo amor, vengo a ser como *metal que resuena o címbalo que retiñe*. Y si tuviera profecía, y entendiera todos los misterios y todo conocimiento, y si tuviera toda la fe, de tal manera que trasladara los montes, y no tengo amor, *nada soy*. Y si repartiera todos mis bienes para dar de comer a los pobres, y si entregara mi cuerpo para ser quemado, y no tengo amor, *de nada me sirve*.

Este texto va dirigido a todos los creyentes; no es específico para pastores, pero es excepcionalmente válido para nosotros como tales. Podemos tener un ministerio reconocido, estar dotados de excelentes dones ministeriales, ser magníficos predicadores, músicos o evangelistas, etc. pero si no nos mueve el amor, somos como una campana hueca, que resuena con fuerza, pero está vacía. No importa cuál sea nuestra fama o renombre. Podemos ser grandes eminencias del conocimiento bíblico, tener doctorados y cargos de responsabilidad elevados, colgar grandes y prestigiosos diplomas y exponer preciosos trofeos y placas de reconocimiento, pero sin amor, *no somos nada*. Y podemos haber abierto iglesias sin número, pastoreado miles de personas, liderado movimientos, etc., pero si no tenemos amor, *no nos sirve de nada*. Ni los dones, ni los títulos, ni los cargos, ni los reconocimientos, ni nada de lo que hayamos hecho pueden sustituir al amor, porque eso es lo que hay en el corazón de Dios, porque Dios es amor, y sin amor nuestro ministerio no vale nada. Todo lo mencionado antes, bueno y legítimo, ha de estar avalado por un amor verdadero, tangible, real. Si no es así, no tiene gran valor, más allá del humano. Como diría Jesús, "ya tienen su recompensa", pero es una recompensa efímera y barata, que nada tiene que ver con la gloria de Dios.

Las gentes no suelen ser "amables", es decir, fáciles de ser amados, porque muchos de ellos son chocantes, desagradecidos, egoístas, indisciplinados, inmaduros, desleales, algunos tienen mal genio, otros hablan mal de todo el mundo y sobre todos de los pastores, etc. etc. Pero, "Cristo, cuando aún éramos débiles, a su tiempo murió por los impíos" (Ro 5:6), y esos, éramos todos nosotros. Los que hoy le servimos como pastores, ¿somos conscientes de las veces que ocupamos alguna de esas categorías cuando comenzábamos nuestra carrera cristiana? ¿Nos acordamos de los dolores de cabeza que ocasionamos a quienes fueron nuestros pastores en nuestros tiempos jóvenes? ¿Reconocemos nuestras torpezas pasadas y actuales, nuestros egoísmos y personalismos, las rencillas, amarguras, resentimientos, etc. que a veces están en el fondo de nuestros corazones?

La medida del amor sigue en el texto de Pablo (vv. 4-8):

> El amor es sufrido, es benigno;
> el amor no tiene envidia;
> el amor no es jactancioso, no se envanece,
> no hace nada indebido, no busca lo suyo,
> no se irrita, no guarda rencor;
> no se goza de la injusticia,
> sino que se goza de la verdad.
> Todo lo sufre, todo lo cree,
> todo lo espera, todo lo soporta.
> El amor nunca deja de ser; pero las profecías se acabarán,
> cesarán las lenguas y el conocimiento se acabará.

El ministerio se acabará; el amor no. Y es el amor, y no otra cosa, el motor de nuestro ministerio pastoral. Lo es de todo ministerio, pero cuanto más del ministerio de pastor. Todo este hermoso poema, inigualado en toda la literatura universal, nos proporciona materia de estudio, de reflexión y de guía para nuestros ministerios. Cuando vemos que nuestro nivel de amor está en crisis, porque son muchas las circunstancias que lo ponen a prueba y que lo desgastan, haremos bien en venir a este texto, lo releemos y evaluamos cómo estamos. Merece la pena recorrer cada una de sus frases, sus detalles. Si estamos escasos o alguno de sus parámetros está bajo, sabemos a quién hemos de recurrir: al Espíritu Santo; porque el amor es un fruto del Espíritu, como ya hemos dicho y como sabemos bien quienes enseñamos la palabra de Dios. No hace falta que yo lo recuerde.

¿Te falta dinamismo? Ama más. ¿Te faltan las fuerzas? Llénate aun más del amor de Dios. Es lo que Pablo solicitaba de sus muy queridos hermanos de la iglesia de Filipos, que él mismo había fundado:

Dios me es testigo de cómo *os amo* a todos vosotros con el *entrañable amor* de Jesucristo. Y esto pido en oración: *que vuestro amor abunde aún más y más en conocimiento y en toda comprensión, para que aprobéis lo mejor*, a fin de que seáis sinceros e irreprochables para el día de Cristo, llenos de frutos de justicia que son por medio de Jesucristo, para gloria y alabanza de Dios. Filipenses 1:8-11.

Les pide que acrecienten el amor, que lo hagan abundar más. Él mismo es la prueba; su amor hacia ellos nacido de lo más profundo de su ser, pero no un amor humano, sino el amor de Cristo producido por el Espíritu Santo. Ese amor sobreabundante nacido, como la misericordia, del profundo conocimiento de Dios y que, a su vez, les proporcionaría conocimiento, comprensión de las situaciones y los llevaría a reconocer y aprobar lo mejor en cada caso. Es lo que sucederá en nuestro ministerio si hacemos caso de su consejo, con el resultado de incrementar también sus resultados.

Dedico, por último, al lector las palabras del apóstol Pablo a los colosenses: "Vestíos, pues, como escogidos de Dios, santos y amados, de entrañable misericordia, de bondad, de humildad, de mansedumbre, de paciencia... Sobre todo, vestíos de amor, que es el vínculo perfecto" (Col 3:12,14. Este texto resume perfectamente el contenido del capítulo anterior y el de este. No hay equipamiento mejor y más eficaz para el ejercicio feliz y fructífero del ministerio pastoral. Equipados así y respaldados por Dios mismo, el éxito en el cumplimiento de nuestra misión está asegurado.

CAPÍTULO 5

Campo abierto

Subió Moisés de los campos de Moab al monte Nebo...
y le mostró Yahvé toda la tierra... Y le dijo Yahvé:
«Ésta es la tierra que prometí a Abraham, a Isaac y
a Jacob... Te he permitido verla con tus ojos.

Deuteronomio 34:3-4

Dios le mostró a Moisés la tierra que Israel habría de conquistar, la Tierra Prometida a los padres, pero a la que no podría entrar. No vamos a entrar aquí en las causas de aquella prohibición, porque el lector las conoce bien –supongo– ni tampoco vienen al caso. Estoy utilizando esta situación bíblica para que nos situemos como líderes del pueblo de Dios en pleno siglo XXI y mirando hacia el horizonte, a todo un panorama abierto y extenso.

El título de este capítulo, *Campo abierto*, quiere sugerir lo que está al frente, delante de nuestros ojos, pero no lo inmediato, no solo lo cercano, sino lo profundo, la inmensidad que se abre ante nosotros, el horizonte lejano. Moisés no solo vio las piedras que había a sus pies, ni la ladera del monte descendiendo ante su mirada; vio la tierra que se extendía ante sí, la Tierra Prometida. ¡Era una realidad! Estaba allí, a la vista. Dios quiso recompensar así su fidelidad en la tarea que le había encomendado de liberar al pueblo de la esclavitud de Egipto y trabajar duramente para constituir una nación, dándole leyes y estructuras dictadas por Dios pero mediadas por él. No fue fácil; muchos fueron los obstáculos, mucha la oposición, muchos los años de soportar a un pueblo rebelde, siempre descontento e insatisfecho, quejumbroso y pesado.

Aparte del porqué del veto impuesto por Dios que tan solo le permitía ver la tierra pero no entrar en ella, es evidente que conquistarla constituía un nuevo capítulo –o más bien, un nuevo libro– en la historia del plan de Dios, y su protagonista habría necesariamente de ser otro. El destinado a ocupar el nuevo personaje para la ocasión fue Josué, al que Dios había estado preparando desde su juventud en Egipto y a lo largo de los cuarenta años de peregrinaje por el desierto.

¿Qué nos muestra Dios a nosotros? ¿Cuál es nuestra visión? ¿Cuál el territorio a conquistar que aparece ante nuestros ojos? ¿Existe ese territorio o simplemente miramos a nuestro alrededor, a lo ya conquistado y que pretendemos mantener, es decir, a nuestro ombligo? Muchos, ni siquiera se lo plantean. Quizás les falte el espíritu que animó a Caleb a reclamarle a Josué lo que Dios por medio de Moisés le había prometido: "Dame, pues, ahora este monte, del cual habló Jehová aquel día… los anaceos están allí, y que hay ciudades grandes y fortificadas. Si Yahvé está conmigo, los expulsaré, como Yahvé ha dicho" (Jos 14:12). Pero para tener visión así hay que conocer esos secretos de Dios, lo que hay en su corazón. Dios le habló a Caleb, pero ¿nos habla a nosotros? Yo creo que sí, que Dios nos habla, pero necesitamos tener la sensibilidad espiritual suficiente para distinguir su voz y poder así conocer lo que nos quiere decir.

Para tener esa visión profunda de las cosas de Dios hay que subir a su santo monte y, a veces, también morir, para que se levante Josué.

Quienes hoy somos pastores no nacimos pastores, es un hecho evidente. Hubo un tiempo en nuestra vida en el que no éramos pastores. Fuimos niños, jóvenes… nos convertimos, en nuestra juventud probablemente o quizás en nuestra infancia, incluso puede que más tarde. Asumimos responsabilidades en la iglesia, seguramente nos sentimos llamados al ministerio, algunos fueron al seminario, otros no. Yo me formé en un seminario tardíamente, pero no por eso dejé de dedicar tiempo y energía a aprender y a formarme humana y teológicamente.

En teología, he sido autodidacta por mucho tiempo, lo que también me ha permitido estudiar y leer con más amplitud que muchos programas establecidos, y "sin fronteras". He aprendido idiomas, me ha interesado la historia, como profesional comercial he sido adiestrado en relaciones humanas, en estrategias de trabajo en equipo y a ser eficaz en la planificación y desarrollo de proyectos, etc. Todo eso me ha sido de extraordinaria utilidad en el ejercicio del ministerio. Más tarde, he acudido a las instituciones cristianas de instrucción bíblica para completar mi formación. Todos tenemos una historia previa al pastorado. El día que nos vimos frente a la posibilidad real de ser pastores, estoy seguro que el corazón se nos llenó de una emoción indescriptible y de un cierto pavor ante lo que teníamos delante de nosotros –si no llegamos a sentir ese miedo respetuoso es que éramos unos inconscientes o incluso unos insensatos. Es un privilegio servir al Señor siendo pastor de una iglesia, y a la vez una inmensa y abrumadora responsabilidad.

Yo fui establecido como pastor de mi primera iglesia con tan solo 23 años, recién salido del servicio militar, que entonces era obligatorio, no solo en España, sino en la mayor parte del mundo. ¿Qué vi yo en aquel momento? Creo que mis ojos estaban algo nublados, pero sobre todo me embargaba una gran ilusión. Miré al frente y vi que, con la ayuda de Dios, todo era posible. Eran tiempos difíciles en España. El franquismo tocaba a su fin, pues el dictador se moría. Se perfilaba un cambio de régimen, pero había fuerzas que estaban decididas a no permitir tal cosa; el conocido como "búnker" estaba dispuesto a resistir hasta el último aliento. Las iglesias eran escasas, el número de creyentes en todo el país se estimaba en menos de 40.000. Gracias a Dios, todo es diferente hoy. Las congregaciones eran pequeñas, y en la mayoría de ciudades españolas, con excepción de las grandes urbes, casi no había iglesias. Había mucho por hacer. La resistencia heroica de los evangélicos españoles que habían superado la guerra civil y la represión que siguió a la "victoria" permitió que las iglesias sobrevivieran, pero poco más. Lo que yo pude vislumbrar era mi absoluta pequeñez frente a aquel campo abierto que era España. Mi pastor, el misionero José Antonio Aldapa, era un hombre de gran talla, física, moral, espiritual y ministerial. ¡Yo no era más que un enano! Me sentía acomplejado frente a los otros pastores de la ciudad, bautistas, hermanos, reformados, etc. Todos ellos eran gente de cierta edad, con larga y curtida experiencia, la que da haber servido al Señor con todo en contra, sin libertad religiosa, sin poder predicar en las calles, sin derechos civiles en cuanto a la fe, etc. El único más jovencito era un tal Gabino Fernández Campos y que aún así me superaba en algunos años pero me trataba con deferencia (yo pensaba que los otros lo hacían con *diferencia*). El "un tal" es un gran amigo hoy, historiador reconocido de la historia del protestantismo en España, referencia obligada para esos temas, bibliófilo inquebrantable, persona entrañable… Como a otros, le debo mucho.

Un texto que me ayudó a fortalecer mi autoestima como pastor joven fue uno de los Proverbios: "Aun el muchacho es conocido por sus hechos, si su conducta fuere limpia y recta" (Pr 20:11). Y a ello me dediqué, a actuar con la ayuda del Señor de manera limpia y recta. Entendí que, siendo un perfecto desconocido, todo un novato, se trataba de ir construyendo un testimonio, un "crédito", como le dice Pablo a Timoteo. Confieso haber cometido errores, pero siempre he intentado buscar la voluntad de Dios para cumplirla; y de mis errores he ido aprendiendo, sabiendo que la mejor manera de hacerlo es manteniéndome humilde, siendo enseñable, moldeable, abierto a la corrección, dispuesto a la reflexión y a no dar por sentado lo que creo que sé. Debo mucho a mucha gente, todos me han enseñado algo; algunos, mucho. He mencionado a los hermanos Aldapa, a los hermanos Negrón, que colaboraban con ellos, a la familia Berthonier, en Francia, que me acogió en su casa y me predicaron el evangelio, a Jean Joly, que me llevó a tomar mi decisión por Cristo y que supo inculcar en mí un amor profundo por la palabra de Dios, libre de prejuicios; a Roger Benzaken, que me regaló mi primera Biblia; a Norman y Martha Lestarjette, que me introdujeron en el ministerio de la enseñanza reglada, y a muchos más.

Campo abierto significa tener horizontes lejanos, campos sin vallados ni fronteras, cerros, montes, cumbres, lagos, ríos y mares… campo abierto es libertad, pues en Cristo y por su Espíritu somos libres, verdaderamente libres. No sé por qué muchos no saben practicar la libertad ni permiten que otros lo hagan. Yo la predico sin complejos y trato de que los demás se decidan a la ejercerla también. No le tengo miedo; al contrario, le doy la bienvenida y la acojo con gozo. Sé, para que no se asuste el lector, que no todo lo que se proclama como libertad lo es, que, conforme a la ley del péndulo, muchos se pasan al otro lado, cayendo en el desenfreno. Es fácil pasarse del legalismo a la mundanalidad, cierto, pero yo creo en la libertad del Espíritu, bajo su control y guía, no en una pretendida y falsa libertad que al final es otra cadena de diferente metal.

¿Has pensado en los límites de tu ministerio? Ciertamente los tiene, pero no son los que tú mismo te impones, ni los que marcan las circunstancias o los obstáculos, ni tampoco los que otros te señalan. Los únicos límites reales son los que vienen definidos por la voluntad de Dios, su propósito divino, nuestra "medida de fe", de la que habla el apóstol Pablo. A Moisés no se le permitió entrar en la Tierra Prometida, aunque sí verla de lejos. A David no se le permitió construir el templo, pero sí diseñarlo y disponer todo lo necesario para que lo construyera su sucesor, Salomón. Pero es cierto que nuestra falta de fe o nuestra indolencia o dejadez por conquistarlo puede estrechar nuestro territorio o hacer que la conquista sea incompleta, como sucedió tantas veces con los israelitas que, por no acabar la conquista, tuvieron que soportar a los habitantes que habían quedado y que amargaron su existencia tantas veces y por tanto tiempo. Nuestra desobediencia puede cegarnos y, entonces, ya no se trata de límites, sino de pérdida del norte; nos encontraremos perdidos en un territorio ajeno, en la nada, donde seremos presa fácil del enemigo que buscará sin piedad nuestra destrucción.

Dios también mostró a Abraham la tierra que habrían de heredar sus descendientes: "Y Yahvé dijo a Abram, después que Lot se apartó de él: *Alza ahora tus ojos, y mira* desde el lugar donde estás hacia el norte y el sur, y al oriente y al occidente. Porque toda la tierra que ves, la daré a ti y a tu descendencia para siempre (Gn 13:14-15). Es la misma tierra que siglos más tarde mostró a Moisés.

Si vamos a ejercer un ministerio para el Señor, como por ejemplo el de pastor, necesitamos tener la visión de Dios. El contexto nos indica que Abraham se encontraba en los "lugares altos", los montes de la tierra, porque Lot había escogido la llanura, lo que él consideraba *mejor para él*. Lot creyó haber escogido bien, pues su decisión se basó en conceptos humanos, en intereses personales egoístas, mirando un territorio llano, fácil y fértil, mientras que Abraham optó por la paz y la concordia entre los hermanos, quedándose con lo que Lot había dejado. Y Dios bendijo a Abraham, mientras que a la larga Lot solo cosechó problemas y la pérdida de todo cuanto creyó haber ganado.

El capítulo 11 de Hebreos nos habla de los personajes de la fe, no solo de hombres sino también de mujeres. En un determinado momento llega a decir: "En la fe murieron todos estos sin haber recibido lo prometido, sino *mirándolo de lejos*, creyéndolo y saludándolo, y confesando que eran extranjeros y peregrinos sobre la tierra" (He 11:13). Esos personajes fueron capaces, como Abraham o como Moisés, de mirar de lejos y ver el plan de Dios, no solo en lo relativo a sí mismos, sino en la perspectiva de otras generaciones. Por eso añade más adelante, en los versos 39 y 40: "Pero ninguno de ellos, aunque alcanzaron buen testimonio mediante la fe, recibió lo prometido, porque Dios tenía reservado algo mejor para nosotros, para que no fueran ellos perfeccionados aparte de nosotros". Aunque miramos desde las alturas, nuestra visión ha de ser amplia y profunda, que abarque más allá del horizonte y llegue hasta las generaciones futuras, aunque nosotros no seamos los beneficiarios inmediatos totales de la bendición. Los planes de Dios son inconmensurables y superan nuestros propios límites físicos y temporales, porque él es un Dios de eternidad.

Estamos demasiado acostumbrados, en un mundo como el nuestro donde el individualismo es potenciado al máximo, a hablar de "mi visión", "mi ministerio", "mis problemas", "mis dones", etc. y quizás no hayamos comprendido que el plan de Dios es universal, que la iglesia es un cuerpo y que, como dice Pablo, "el cuerpo no es un solo miembro, sino muchos". La visión que proviene de Dios no puede ser "tu visión", sino que ha de ser la suya, y la suya te abarca a ti, a quienes te rodean y con quienes compartes espacio y tiempo, y a las generaciones futuras.

También nos conviene recordar lo que dice el Salmo 24:

> ¿Quién subirá al monte de Yahvé?
> ¿Y quién estará en su lugar santo?
> El limpio de manos y puro de corazón;
> El que no ha elevado su alma a cosas vanas,
> Ni jurado con engaño.

El recibirá bendición de Yahvé,
Y justicia del Dios de salvación.
Salmo 24:3-5.

Si queremos ver con amplitud y en perspectiva, hay que subir a las alturas, y para poder estar en las cumbres de Dios se requieren unas determinadas actitudes espirituales. Los pastores no estamos por encima del bien y del mal; hemos de cuidar nuestro comportamiento ético y el ejercicio de la justicia. Ya hemos hablado de la misericordia como norma y del amor como motor de nuestro ministerio. Ahora hay que subir más alto, mirar y ver. Hay todo un territorio por conquistar: ese es nuestro ministerio, un campo abierto, de hermosos horizontes y sin vallados reales salvo los establecidos por Dios.

Mi deseo es que Dios te bendiga desde lo alto y bendiga tu ministerio. Como escribe Pablo a los corintios: "Nuestra boca se ha abierto a vosotros, oh corintios; nuestro corazón se ha ensanchado. No estáis estrechos en nosotros, pero sí sois estrechos en vuestro propio corazón. Pues, para corresponder del mismo modo (como a hijos hablo), ensanchaos también vosotros." (2 Co 6:11.13). Hay estrecheces que no nos son impuestas por otros, o por las circunstancias, sino que nacen de nuestro propio corazón, corazón humano. En el corazón de Dios no hay estrecheces, todo es grande, infinito, multiforme… Nada limita a Dios.

Atrévete a mirar en campo abierto, no te limites a tu parcelita particular. El mundo es mayor de lo que alcanzan a ver nuestros ojos físicos. Trasladémonos a las alturas y miremos con los ojos de Dios, porque "cosas que ojo no vio ni oído oyó ni han subido al *corazón del hombre*, son las que Dios ha preparado para los que lo aman" (1 Co 2:9-10). Y he usado este versículo anteriormente, pero viene bien recordarlo de nuevo, para que sepamos que la visión de Dios nos supera con creces y se extiende más allá de lo que podemos concebir. Nosotros podemos imaginar cosas maravillosas, pero lo que imaginamos no es la visión de Dios. Podemos visualizar lo que imaginamos, darle la forma que queremos, incluso soñarlo, desearlo con todas nuestras fuerzas, e incluso lanzarnos a intentar hacerlo realidad creyendo que actuamos en fe, pero nada de eso es la visión de Dios ni supone la verdadera fe de la que habla el capítulo 11 de Hebreos, porque la fe genuina se fundamenta en la revelación de Dios y no en nuestra imaginación, ni en nuestro deseo, ni en nuestra fuerza.

Dios busca pastores conforme a su corazón que sean capaces de ver como él ve, de hacer llegar su mirada hasta donde él llega, de superar las barreras que él supera, de conocer lo que él conoce. Ojalá que nosotros seamos siempre ese tipo de pastores que él ha prometido a su pueblo.

CAPÍTULO 6

La Palabra como única fuente de inspiración

*Las Sagradas Escrituras, las cuales te pueden hacer sabio
para la salvación por la fe que es en Cristo Jesús*

1 Timoteo 3:15

En los requisitos del ministerio pastoral se incluye "que sea apto para enseñar (1 Ti 3:2). La pregunta que surge de inmediato es: ¿enseñar qué? Solo se puede enseñar lo que previamente se ha aprendido o adquirido.

En su segunda carta, Pablo le dice a Timoteo: "*Lo que has oído de mí ante muchos testigos, esto encarga a hombres fieles que sean idóneos para enseñar también a otros*" (2 Ti 2;2). Sigue otra pregunta más: ¿qué había oído Timoteo de la boca de Pablo que tenía que encargar a otros? El libro de los Hechos, en el capítulo 14, cuenta que Pablo y Bernabé, tras estar un tiempo en Iconio predicando la palabra de Dios y haber sido echados de la ciudad, pasaron a Listra y Derbe, "y allí predicaban el evangelio" (v. 7).

Para profundizar un poco más en el tema, escuchemos al propio apóstol Pablo dando testimonio acerca de su mensaje:

Vosotros mismos sabéis, hermanos, que nuestra visita a vosotros no fue en vano, pues habiendo antes padecido y sido ultrajados en Filipos, como sabéis, Dios nos dio valor para *anunciaros su evangelio* en medio de una fuerte oposición. *Nuestra exhortación* no procedió de error ni de impureza, ni fue por engaño. Al contrario, si hablamos es porque Dios nos aprobó y nos confió *el evangelio.* No procuramos agradar a los hombres, sino a Dios, que prueba nuestros corazones, porque nunca usamos de palabras lisonjeras, como sabéis, ni encubrimos avaricia. Dios es testigo. Tampoco buscamos gloria de los hombres, ni de vosotros ni de otros, aunque podíamos seros carga como apóstoles de Cristo. Antes bien, nos portamos con ternura entre vosotros, como cuida una madre con amor a sus propios hijos. Tan grande es nuestro afecto por vosotros, que hubiéramos querido entregaros no sólo *el evangelio de Dios*, sino también nuestras propias vidas, porque habéis llegado a sernos muy queridos. Os acordáis, hermanos, de nuestro trabajo y fatiga; cómo, trabajando de noche y de día, para no ser gravosos a ninguno de vosotros, *os predicamos el evangelio de Dios.* 2 Tesalonicenses 2:1-9.

Es una cita larga, pero maravillosamente expresiva. El mensaje de Pablo era *el evangelio de Dios*, su palabra. No era un mensaje inventado por Pablo, como muchos sostienen hoy haciéndolo a él el inventor del cristianismo; fue un mensaje que Dios le había confiado tras haber sido probado y aprobado y que él mismo pudo experimentar en su propia vida. Su mensaje no estaba dulcificado –palabras lisonjeras– para hacerlo más aceptable a los oídos de la gente, ni encubría intereses personales –avaricia, gloria de los hombres. Además, las palabras estaban impregnadas del amor de Dios –ternura, afecto, sus propias vidas. Era palabra encarnada. Ese era el mensaje que Timoteo había recibido de parte de Pablo y ha de ser nuestro mensaje hoy.

Este mismo Pablo escribe a la iglesia que había fundado en Corinto y les recuerda:

Así que, hermanos, cuando fui a vosotros para anunciaros *el testimonio de Dios, no fui con excelencia de palabras* o de sabiduría, pues me propuse no saber entre vosotros cosa alguna sino a Jesucristo, y a éste crucificado. Y estuve entre vosotros con debilidad, y mucho temor y temblor; y *ni mi palabra ni mi predicación fueron con palabras persuasivas de humana sabiduría, sino con demostración del Espíritu y de poder*, para que vuestra fe no esté fundada en la sabiduría de los hombres, sino en el poder de Dios. 1 Corintios 2:1-5.

Los grandes maestros griegos basaban sus discursos y diatribas en la retórica, la dialéctica, la oratoria, etc., lo que Pablo llama "excelencia de palabras" o "palabras persuasivas de humana sabiduría", "sabiduría de este mundo" (v. 6). El resultado de esos discursos eran propuestas diversas, teorías más o menos inteligentes y elaboradas que han dado fama y renombre a sus maestros, Sócrates, Platón, Aristóteles, ciertamente grandes pensadores que han contribuido al progreso de las ideas y de la cultura, pero inútiles en cuanto a la salvación del alma. Pablo declara abiertamente que su método era otro totalmente diferente, porque su mensaje también tenía un contenido distinto, basado en la revelación de Dios y en la experiencia de la conversión a Cristo.

Nosotros, como cristianos, no dejamos de admirar la valía de aquellos hombres ni su legado dejado a la humanidad, pero es un legado meramente humano, por muy digno que sea de ser conocido, estudiado y admirado. Nuestra fuente de inspiración no es la filosofía, ni la psicología, ni la sociología, ciencias todas ellas muy dignas, honrosas e incluso útiles, pero que carecen del poder de transformar al ser humano como lo hace el evangelio, que "es poder de Dios para salvación de todo aquel que cree, del judío primeramente [el religioso] y también del griego [el amante de la sabiduría y de la ciencia]" (Ro 1:16).

Si nuestro anhelo es ser pastores conforme al corazón de Dios, es de su corazón que hemos de extraer nuestra enseñanza y la forma de transmitirla: "Toda la Escritura es inspirada por Dios y útil para enseñar, para redargüir, para corregir, para instruir en justicia, a fin de que el hombre de Dios sea perfecto, enteramente preparado para toda buena obra" (2 Ti 3:16-17).

Pero la palabra de Dios es mucho más que un instrumento útil del que nos podemos servir para todas esas tareas, enseñar, poner de manifiesto lo que está mal en nuestras vidas —redargüir—, corregir, instruir, etc. La palabra de Dios es revelación, es el corazón de Dios abierto a nosotros para que le conozcamos y que nos conozcamos a nosotros mismos también al vernos reflejados en él. Esa misma palabra, llega a encarnarse en Cristo tomando forma humana, haciéndose como nosotros para cruzar la brecha que separaba la naturaleza divina y la humana y alcanzar así su fin comunicativo.

Tener la Palabra como única fuente de inspiración no significa automáticamente el rechazo absoluto de cualquier otra fuente de conocimiento. El Salmo 19 es un hermoso himno que canta la excelencia de la revelación divina, lo que los teólogos llaman revelación general –la voz de la naturaleza y el cosmos– y la revelación especial –las Escrituras. Spurgeon, en su obra magna *El Tesoro de David*, los llama "los dos grandes libros de la revelación de Dios", y dice al inicio de su comentario a este salmo: "el hombre verdaderamente sabio es aquel que lee ambos libros, el *Libro de la Naturaleza* y el *Libro de la Palabra*, como dos volúmenes de una misma obra de revelación".[5] De modo que la naturaleza nos habla de Dios, y lo hace directamente, por su influjo sobre nuestro mente y nuestras emociones, como también a través de la ciencia verdadera, que descubre las maravillas de la obra de Dios. El apóstol Pablo así lo reconoce en su argumentación para demostrar que todo ser humano ha recibido de una u otra forma una revelación básica que lo hará responsable ante Dios: "Lo invisible de él, su eterno poder y su deidad, se hace claramente visible desde la creación del mundo y se puede discernir por medio de las cosas hechas" (Ro 1:20).

Se atribuye a Louis Pasteur, uno de los más eminentes hombres de ciencia de la historia, la siguiente frase: *"Un peu de science éloigne de Dieu, beaucoup de science y ramène"*, que podemos traducir como: "un poco de ciencia aleja de Dios, mucha ciencia lleva de nuevo a él". Sea suya o no la frase, no deja de ser acertada, porque la verdadera investigación científica no condicionada por la filosofía pone de manifiesto el equilibrio global de la naturaleza y la perfección de los organismos vivos, cualquiera que haya sido el proceso de su formación, y la imposibilidad de que sean el producto del azar, por muchos millones de años que quieran adjudicarle o que pueda tener el proceso.

Es mucho lo que las ciencias sociales pueden aportar al ministerio pastoral y, por tanto, no las despreciamos. La abundante literatura sobre multitud de materias, los ensayos, estudios y debates sobre la realidad actual, son igualmente de valor incalculable para el pastor del

---

[5] *El Tesoro de David*, Tomo I, p. 481.

siglo XXI, porque la Biblia no es ni una enciclopedia ni un manual de supervivencia para este mundo y el que viene. Para resolver problemas de índole humana o técnica tendremos que recurrir a esos recursos que nos aportarán no poco. Pero lo que ha de quedar claro es que los principios aportados por la palabra de Dios son los únicos válidos para asegurar una vida espiritual correcta y un servicio a la comunidad *conforme al corazón de Dios*.

La palabra de Dios *es viva, eficaz* y más *cortante* que toda espada de dos filos: *penetra* hasta partir el alma y el espíritu, las coyunturas y los tuétanos, y *discierne* los pensamientos y las intenciones del corazón. Y no hay cosa creada que no sea manifiesta en su presencia; antes bien todas las cosas están desnudas y abiertas a los ojos de aquel a quien tenemos que dar cuenta. Hebreos 4:12-13.

La palabra de Dios es un instrumento que revela la realidad del corazón, porque lo que realmente da valor, positivo o negativo, y fuerza o intensidad a nuestras acciones son los pensamientos y las intenciones que las motivan. Una acción mala puede ver atenuada su maldad a falta de una intención malévola; o una acción buena puede perder toda su bondad ante una motivación egoísta o interesada.

El texto usa el símil de la temible espada corta romana de doble filo, la *machaira*, letal en el combate cuerpo a cuerpo. Un arma que, por su ligereza y corte afilado, permitía actuar con precisión y eficacia frente a soldados equipados con armamento más pesado y lento. El uso de la Palabra ha de ser igualmente eficaz, con una gran diferencia: aquella arma quitaba la vida, la Palabra da la vida, porque es "viva y eficaz". No es lo mismo tratar de extirpar un tumor maligno con un escalpelo o bisturí, que con un hacha. Con el hacha cortaríamos el brazo entero, mutilando así el cuerpo de manera irremediable. Con el bisturí se pueden separar los tejidos hasta llegar al tumor y separarlo cuidadosamente para eliminarlo sin dañar al resto del cuerpo. Es cierto que no siempre es posible, por su proximidad a algún órgano vital, pero lo que está claro es que nunca podrá hacerse con un hacha o con un cuchillo de carnicero. Ahí están la pericia del que opera y las propias condiciones del enfermo.

En consecuencia, ahora que hemos hablado de pericia, se infiere que, como pastores que predicamos y aconsejamos basados en la palabra de Dios, hemos de ser expertos en su manejo. No hay mejor texto que respalde esta verdad que 2 Timoteo 2:15: "Procura con diligencia presentarte a Dios aprobado, como obrero que no tiene de qué avergonzarse, *que usa bien la palabra de verdad*". La versión RV1909 dice "que traza bien la palabra", y la LBLA (Las Américas), que la "maneja con precisión". La palabra griega, *orthotomountas*, significa literalmente "que divide o corta con corrección", en perfecta armonía con la figura de la espada que representa a la Palabra que "*penetra* hasta partir el alma y el espíritu, las coyunturas y los tuétanos, y *discierne* los pensamientos y las intenciones del corazón".

Pero para ser experto en cualquier materia es necesario haber adquirido formación, estudio y práctica. Como pastores hemos de ser aplicados estudiantes de la palabra de Dios. Por supuesto, la Biblia misma ha de ser nuestro libro de texto principal, pero, dado que hay en ella "algunas [cosas] difíciles de entender, las cuales los indoctos e inconstantes tuercen (como también las otras Escrituras) para su propia perdición" (2 P 3:16), es de gran utilidad –yo diría, de absoluta utilidad– el uso de materiales de estudio que nos aporten claridad sobre muchas de las cuestiones que surgen del estudio de las Escrituras y que no dominamos. Nuestra biblioteca pastoral –se supone que un pastor ha de tener una buena biblioteca, evidentemente, según sus posibilidades– no puede carecer de diferentes traducciones de la Biblia, de concordancias, comentarios, diccionarios, etc. que nos ayuden a comprender lo que leemos. Ser pastor no garantiza tener un conocimiento profundo de las Escrituras. Así como haber salido del seminario no garantiza estar capacitado para ser pastor, ser pastor de una iglesia tampoco garantiza que nuestro conocimiento bíblico sea el adecuado. Conforme al texto de 2 de Timoteo, uno ha de ser "aprobado" ser capaz de "trazar bien la palabra de Dios", pero no siempre damos el nivel. Si somos deficientes, nuestra obligación es profundizar en el estudio y el conocimiento.

El estudio textual

Algo que me ha sorprendido siempre es el escaso conocimiento que muchos pastores tienen acerca del texto bíblico en sí, del concepto y la historia del canon, de la conocida como *Septuaginta* o la *Vulgata*, del llamado *Textus Receptus* o del texto crítico, sobre los manuscritos en los que se basan las traducciones antiguas y actuales con sus miles de variantes, llegando a asumir posiciones dogmáticas sobre asuntos que no conocen bien o que conocen solo de oídas y que no se atreven a examinar con detalle por temor a incurrir en el error. El error se combate con el conocimiento y la verdad y no con la ignorancia, como avestruz que hunde su cabeza en la arena para negar el peligro cercano.

Hay en muchos un miedo irracional a la ciencia –me refiero a la verdadera ciencia– que estudia esos temas, y asumen como verdad leyendas o tradiciones que no tienen fundamento histórico alguno. Creen que todo es una especie de conspiración contra las Sagradas Escrituras para quitar textos básicos, para desmontar la deidad de Jesucristo, etc. Es cierto que ha habido una crítica surgida de la Ilustración del siglo XVIII y del liberalismo del siglo XIX cuyo fin era desprestigiar la Biblia y hundir su credibilidad cuyos efectos aún sobreviven hoy; pero, así como en los primeros siglos del cristianismo los ataques de la filosofía y de las herejías propiciaron el surgir de la apologética y el desarrollo de la teología, clarificando el entendimiento de las Escrituras, definiendo verdades bíblicas e incluso delimitando y fijando las lista o canon de los libros admitidos como inspirados, esta crítica moderna ha propiciado igualmente que verdaderos eruditos y estudiosos de las Escrituras, fieles a su contenido y a su inspiración, genuinos creyentes, hayan contrarrestado con éxito los ataques de los escépticos y de los enemigos de la fe y desmontado muchos de sus argumentos y fortaleciendo la fe de los verdaderos creyentes. Subsisten áreas oscuras, donde caben diversas teorías o explicaciones más o menos plausibles, pero no falta la luz allí donde verdaderamente hace falta.

Es una responsabilidad nuestra depurar los textos base de las Escrituras de todo aquello que ha sido añadido, alterado o incluso eliminado, con el fin de que las traducciones que se hacen de ellas reflejen al máximo los originales que, como todo el mundo sabe, no han llegado hasta nosotros, siendo copias de copias los manuscritos que tenemos a nuestra disposición hoy. Muchos de los errores que hay en ellos son producto de los medios precarios de que disponían los copistas y de sus condiciones de trabajo, pero otros eran simplemente añadidos intencionados o alteraciones premeditadas, a favor o en contra, de la verdad bíblica, pero añadidos y, por tanto, espurios.

Exégesis y hermenéutica

Todos sabemos que para entender la Biblia correctamente hay que aplicar ciertas reglas previas. Por un lado, tratamos con textos escritos entre hace unos dos mil y tres mil años, que incorporan tradiciones aún anteriores. Nada es igual, y no podemos juzgar las condiciones de entonces con los criterios actuales. Accedemos al contenido de esos textos por medio de traducciones, porque son pocos los que pueden hacerlo en sus idiomas originales, hebreo, arameo o griego. Todos los textos no tienen el mismo carácter, porque no es lo mismo un texto normativo que uno sapiencial, profético o narrativo. Encontramos en el Nuevo testamento un género singular como son los evangelios que teniendo cierto carácter histórico son un mensaje, superando la historia o la biografía. Están, además, las cartas, con contenido diverso, doctrinal, personal, íntimo, etc. Y no digamos del Apocalipsis.

Se hace necesario hacer un trabajo exegético previo que, como todo el mundo sabe, consiste en tratar de descubrir lo que el autor quiso decir, para que no introduzcamos en el texto lo que nosotros queremos que diga, práctica que recibe el nombre de *eiségesis*. Pensamos que esto no ocurre, pero es un error pensar así, porque la realidad es que muchas veces hacemos que la Biblia diga lo que no dice, simplemente porque estamos acostumbrados a entenderlo así, debido al peso de la cultura, la tradición o cualquier otra causa. Lógicamente, si esa es nuestra manera de leer las Escrituras, nuestra fuente de inspiración estará contaminada y, en consecuencia, sus aguas estarán turbias o incluso envenenadas. Para intentar suplir esta necesidad tenemos recursos abundantes, como ya hemos mencionado. No tenemos por qué saber griego ni hebreo, otros que sí manejan estos idiomas pueden ayudarnos con sus obras y comentarios. Hay mucho material que puede ayudarnos a contextualizar lo que leemos, que nos explican las costumbres de los pueblos de aquellos tiempos, y hay a nuestra disposición distintas traducciones en nuestro propio idioma, que pueden enriquecer nuestra comprensión. No pensemos que las traducciones más literales son las más fieles, porque traducir algunas expresiones literalmente lleva a transmitir ocasionalmente expresiones que en nuestra propia lengua son absolutamente incomprensibles, si no absurdas. Toda traducción es una interpretación del texto base, por eso hay que recurrir a diversas versiones y comparar y complementar las distintas posibilidades de traducción. Mucha gente se permite opinar sobre la traducción, pero sin tener ni idea de lo que es traducir, ni de los problemas con que se encuentra el traductor. Hoy en día, las traducciones bíblicas actuales se llevan a cabo por equipos de especialistas en los idiomas originales y el contexto literario, histórico, social, religioso, etc. Muchos de estos equipos son inter-confesionales, con lo que es difícil introducir tendencias demasiado sesgadas a favor de una u otra tendencia. Además, las traducciones también se adaptan al público al que van dirigidas: las hay más técnicas, más literarias o más populares, destinadas a un público que maneja un vocabulario mucho más restringido. En la actualidad, la mayoría de idiomas más hablados del planeta, cuenta con traducciones "en idioma actual", es decir, que prescinden de palabras ya caducas propias de otros tiempos y rinden otras que son de uso más actual. Otras traducciones, aunque útiles, son demasiado libres y pierden demasiados matices en aras de "facilitar" supuestamente la comprensión o llevan un peso "interpretativo" excesivo, con lo que pierden valor y autoridad.

La hermenéutica nos lleva a saber aplicar al tiempo actual los principios contenidos en los textos. Ahí es muy importante la visión pastoral y no tan solo una interpretación fría y distante. No olvidemos lo que dice Pablo, que "la letra mata; pero el Espíritu vivifica". Esta frase no es un cheque en blanco para que neguemos lo que las Escrituras dicen claramente, pero sí una sabia indicación para que entendamos que nada de lo contenido en la Biblia se puede aplicar si no es por obra del Espíritu Santo. La letra condena; "el Espíritu nos ayuda en nuestra debilidad" (Ro 8:26).

Lectura habitual

Si la palabra de Dios es nuestra única fuente de inspiración, se supone que hemos de ser lectores asiduos de ella. Parece algo obvio, pero como pastores, además de muchas otras lecturas, la Biblia ha de ser nuestra lectura preferente y regular, y la verdad es que no siempre es una realidad. Hay muchas maneras de leer la Biblia, pero lo cierto es que hay que leerla sistemáticamente y entera, de principio a fin, una y otra vez, porque nos aporta sabiduría: "La ley de Yahvé es perfecta: convierte el alma; el testimonio de Yahvé es fiel: hace sabio al sencillo" (Sl 19:7). Mi experiencia personal a lo largo de los años, como la de miles de personas, es que, cada vez que uno relee un pasaje, algo nuevo surge de él. Cuando digo nuevo, no quiero decir que una nueva enseñanza surja de la lectura, pero sí algo fresco, un matiz, un destello de luz que enriquece lo ya sabido… Cuanto más lees y más entiendes, más descubres en sus hermosas profundidades, más te acercas al corazón de Dios, más se te abren los ojos para ver lo que Dios quiere que veas.

Predicador de la Palabra

Para no autoplagiarme, no me repetiré sobre lo dicho sobre este tema en mi libro *Pastores para el siglo XXI* (cp. 10), pero insisto en que como pastores nuestra predicación ha de ser eminentemente bíblica. De ahí la importancia de la predicación expositiva, que expone los textos, haciendo una buena exégesis y una correcta y sabia hermenéutica. Podemos predicar sobre temas diversos, pero que sea la palabra de Dios la que nos inspira, y no al revés.[6]

---

[6] Sobre este tema de la predicación de la Palabra, recomiendo el libro del pastor D. Jorge Óscar Sánchez, *La Predicación, comunicando el mensaje con excelencia*, referenciado en la Bibliografía, no solo por su carácter técnico y práctico, sino por su profunda visión sobre la responsabilidad que tenemos los pastores de predicar el mensaje de Dios veraz y fresco.

CAPÍTULO 7

Cristo como único fundamento

Nadie puede poner otro fundamento que el que está puesto,
el cual es Jesucristo.

1 Corintios 3:11

¿Qué base tiene nuestro ministerio? ¿Cuáles son nuestros cimientos? El símil de los dos constructores de los que habló Jesús es de plena aplicación a nuestro ministerio pastoral. Podemos edificarlo sobre bases movedizas, como son nuestras aspiraciones personales, corrientes, modas, el culto al éxito, etc.; o podemos asentarlo firmemente sobre la roca, que es Cristo. Es delicado decir esto, porque todos pensamos estar bien asentados y puede molestarnos que se dude de ello, pero es fundamental estar seguros. Somos los primeros y principales interesados. Ser pastor de una iglesia no garantiza que la base de ese ministerio sea Cristo. Es duro decirlo, pero si no fuera así sería innecesario que la palabra de Dios reprenda a los pastores que Dios considera indignos. Nuestra preocupación ha de ser el asegurarnos de que nuestro fundamento no sea otro.

En mis años de vida cristiana y ministerial, he visto a muchos desmoronarse a la llegada de las lluvias y tormentas después que estas desestabilizaran peligrosamente sus ministerios. No han aguantado en envite de las olas y han caído. No parece que su fundamento, al menos en ese momento, fuera Cristo. Podemos comenzar bien, edificando sobre terreno firme, pero poco a poco irnos deslizando hacia suelos más fáciles o atractivos y a la vez más inseguros, y aunque parte de nuestra edificación esté sobre la roca, otra buena parte, quizás hasta la más importante, esté basada en la arena. Además, el mismo Pablo nos avisa: se puede construir encima de la roca, pero con materiales perecederos, "madera, heno y hojarasca", pero "la obra de cada uno, sea la que sea, el fuego la probará" (1 Co 3:13). Las dificultades, los ataques de diversa procedencia, incluidos el "fuego amigo", el desánimo y la depresión, hacen estragos en las vidas de los pastores. Si no están bien asentados sobre suelo firme, el peligro de derrumbamiento es real y puede ser inminente.

Un pastor prudente examina sus cimientos periódicamente y asegura su ministerio porque, sin duda, llegarán los vendavales y los huracanes. En el llamamiento pastoral y subsiguiente respaldo divino no está incluida una clausula de popularidad que te garantice que todo el mundo te tratará bien y aplaudirá cuanto hagas. Más bien todo lo contrario. Pablo da un consejo pastoral a Timoteo concerniente a esos que "se oponen", y le dice: "desecha las cuestiones necias e insensatas, sabiendo que engendran contiendas, porque el siervo del Señor no debe ser amigo de contiendas, sino amable para con todos, apto para enseñar, sufrido. Debe corregir con mansedumbre a *los que se oponen*, por si quizá Dios les conceda que se arrepientan" (2 Ti 2:23-25).

Siempre encontraremos oposición a nuestro ministerio pastoral. Si pensamos que esa oposición solo llegará desde fuera, estamos equivocados, terrible y tristemente equivocados. Demasiadas veces la peor oposición viene de dentro, de entre los nuestros, de nuestros propios líderes o de otros que nos tienen envidia o que nos juzgan negativamente y se creen en el derecho de "denunciarnos" ante otros creyentes porque creen que así sirven a Dios. Viene bien decir aquí algo sobre la calumnia y la maledicencia: la calumnia es algo falso que se nos atribuye y, aunque dañina y dolorosa, se desmonta con la verdad. La maledicencia puede que se refiera a algo que es o puede ser más o menos cierto, que se extiende sin misericordia, sin derecho a aclaración, sin matices, palabras o acciones sin el correspondiente contexto y que, al propagarse impunemente y sin defensa posible, hunden la credibilidad y el buen nombre de la persona que la padece. Es tan dañina, dolorosa y pecaminosa como la calumnia, aunque esté revestida de cierto "amor a la verdad", evidentemente falso. Yo mismo me he visto afectado en más de una ocasión por el efecto negativo de alguna lengua maledicente; de entre ellas, desgraciadamente, de algún que otro supuesto "compañero", es decir, de algún que otro pastor impoluto. La facilidad que hoy existe con la proliferación de las redes sociales hace que sea un recurso muy socorrido de envidiosos, malintencionados y cobardes, o simplemente fanáticos. Da pena y vergüenza ver como este **pecado** prolifera en estas redes sociales, perpetrado por gente que se llama "cristiana", algunos de ellos considerados ministros, profetas o cualquier otro título de supuesta autoridad espiritual. Las barbaridades que se ven y se escuchan, ante todo un público no cristiano atónito, son inauditas. Haríamos bien en reflexionar al respecto y actuar en consecuencia.

Pablo aconseja a Timoteo sobre cómo solventar las situaciones contrarias, huyendo de los debates inútiles y estériles, sabiendo soportar, siendo amable, enseñando con mansedumbre, pero lo que no puede fallar es que estemos bien asentados sobre el único fundamento posible, no solo de la iglesia y de la fe, sino de nuestro ministerio; y ese fundamento es Jesucristo. Las palabras de Pablo no son una invitación a la inacción, sino a la moderación y al control del Espíritu Santo. Toda oposición requiere respuesta, pero la primera reacción no puede ser el nerviosismo y la respuesta visceral y carnal.

¿Puede acaso haber otros fundamentos? ¿Es posible que no sepamos donde estamos de pie? La verdad es que sí es posible, porque hay cosas –pecados– que ciegan la vista e impiden ver la realidad.

Aunque como referencia sea un caso extremo, hubo un momento en la vida de Sansón en el que "no sabía que Yahvé ya se había apartado de él" (Jue 16:20). Su vida caprichosa y torpe, a pesar de que Dios lo usó durante años, lo llevó a ese estado en el que ni siquiera se daba cuenta de que Dios ya no lo respaldaba. Esto es más común de lo que parece. En aquel momento fue derrotado. Antes, siempre había salido airoso de todas las circunstancias, pero llegó un momento en que todo cambió, Dios lo abandonó y fue derrotado. Su humillación fue terrible y su estado, deplorable. Tuvo ocasión a la reparación de su error, pero le costó la vida.

No es tan difícil estar sobre fundamento falso. Basta desviar nuestra mirada de Cristo y permitir que motivaciones que no nacen de su corazón sino del nuestro sean las que nos impulsen en el ministerio.

Pablo escribe: "Doy gracias al que me fortaleció, a Cristo Jesús, nuestro Señor, porque, teniéndome por fiel, *me puso* en el ministerio" (1 Ti 1:12). Poner, aquí, significa establecer, situar sobre una base determinada. Si es el Señor quien nos pone en el ministerio, es seguro que lo hará sobre sí mismo. Él considerará nuestra fidelidad al llamamiento divino y nos fortalecerá para que no nos resquebrajemos. Es importante contar con la gracia de Dios, que es todo eso que él nos otorga porque lo necesitamos, aunque no lo merezcamos. Me repetiré citando a Pablo sobre esto, pero es que es la más absoluta realidad en cuanto al ministerio. Él confiesa y dice: "Yo soy el más pequeño de los apóstoles, y no soy digno de ser llamado apóstol, porque perseguí a la iglesia de Dios. Pero por *la gracia de Dios* soy lo que soy; y *su gracia* no ha sido en vano para conmigo, antes he trabajado más que todos ellos; aunque no yo, sino *la gracia de Dios* que está conmigo" (1 Co 15:9-10). Reconoce su incapacidad y sus deméritos, a la vez que reconoce repetidamente que es la gracia de Dios la que había hecho posible que llegara a ser lo que era; y es esa misma gracia la que hace que nosotros seamos lo que somos. No la tornemos vana por nuestra propia torpeza e incapacidad. Para ser pastor o pastora se requiere una gracia especial de parte de Dios que solo él puede otorgar. Nadie se levanta como pastor a sí mismo. Quienes pretenden hacerlo carecen de legitimidad y, por tanto, del respaldo divino. No es lo mismo levantar y organizar un grupo de cristianos que una iglesia. Quienes de buena fe y de manera natural lo hacen, que no por rupturas, divisiones o pretensiones humanas, sino debido a determinadas circunstancias, más tarde o más temprano, Dios levanta a un líder entre ellos o una iglesia acaba respaldándolos y proporcionándoles esa cobertura necesaria. Es el caso de la iglesia en Antioquía de Siria, donde muchos se habían convertido por el testimonio de unos creyentes de Chipre en tiempos de la persecución del tiempo de Esteban. La iglesia de Jerusalén, al tener conocimiento de lo que Dios estaba haciendo allí, envió a Bernabé para organizar la iglesia, y este a su vez buscó a Pablo como colaborador, y dice el libro de los Hechos de los Apóstoles que "Se congregaron allí todo un año con la iglesia, y enseñaron a mucha gente" (Hch 11:26).

Aquella iglesia, nacida así de forma espontanea y natural, fue la que propició que a los seguidores de Jesús se les llamara cristianos, además de ser la primera iglesia misionera en sentido estricto.[7]

También puede suceder que, con el tiempo, demostradas las buenas motivaciones de quien comenzó un grupo así, y una vez probada su fidelidad, Dios lo levante para hacerse cargo de ese grupo. Se verá de manera natural, siendo siempre Dios mismo quien dirige su obra y la hace crecer. Dios es siempre un Dios de oportunidades.

Tito fue dejado en Creta para "poner ancianos" –pastores– por las distintas localidades de la isla, pero para acertar en la selección y que realmente fueran *puestos* por Dios, se le marcan una serie de requisitos, similares a los entregados a Timoteo, para que no hubiera error en los nombramientos. Aún así, muchas veces el tiempo demuestra que alguno puede decaer o fallar. Por eso el apóstol amonesta a Timoteo en su segunda carta para que él mismo no se desanime, para que reavive su ministerio y no decaiga. Le recuerda cómo el espíritu que el Señor ha infundido en él es un "espíritu de poder, de amor y de dominio propio" (2 Ti 1:7). Otras traducciones o versiones, en vez de dominio propio, dicen *templanza*, en el sentido del temple que sufre el hierro en la forja para convertirse en acero y pasar de rígido y quebradizo a flexible y resistente, flexibilidad y resistencia que necesitamos en nuestro ministerio si ha de durar. La rigidez nos hace frágiles y quebradizos. La flexibilidad nos permite adaptarnos a distintas tensiones y resistir. Las personas rígidas –perfeccionistas, radicales, intolerantes– sufren

---

[7] En el libro de los Hechos aparecen tres formas de cómo Dios promueve la obra misionera: el primer modelo es el del día de Pentecostés. En vez de ir los misioneros en busca de las almas, son estas las que vienen al terreno de los misioneros. Por circunstancias, Jerusalén estaba llena de devotos judíos y prosélitos que fueron el primer público para la predicación de Pedro, una vez lleno del Espíritu Santo. Yo lo veo equiparable a esos cuantos millones de musulmanes que tenemos en nuestros países de Europa a quienes podemos predicar libremente. En sus países de origen no es posible, porque está prohibido. Enviamos misioneros encubiertos allí, con un éxito muy limitado, pero no vamos a ellos aquí, o son pocos quienes lo hacen. El segundo modelo es el de los "esparcidos por causa de la persecución", como los que hablaron en Antioquía. Son misioneros a la fuerza, movidos por algún tipo de presión, pero que por dondequiera que van hablan del Señor y las personas se convierten. Es el caso de tanto creyente latinoamericano convertido que ha venido a Europa en busca de una economía de vida, para poder hacer frente al sustento de sus familias, o por causas de asilo. Llegan a donde nosotros, los nacionales, no llegamos. El tercer modelo es el de Antioquía, donde existiendo ministerios en plural, el Espíritu Santo levantó a Bernabé y Saulo para llevar el evangelio a toda el Asia Menor, como misioneros enviados con una misión específica que cumplir. Estos son nuestros misioneros que podemos llamar "oficiales", enviados y sostenidos por nuestras agencias misioneras.

mucho y hacen sufrir. La flexibilidad no significa falta de firmeza, todo lo contrario, pero da más juego.

No cabe duda; el ministerio desgasta; las pruebas son como un fuego constante y muchos pastores y líderes se queman. Si hay desgaste, hace falta un reciclaje, una renovación a tiempo, incluso una restauración. Y la única manera de no arder es que entre las llamas esté Él, el mismo personaje que acompañaba a los tres jóvenes en Babilonia cuando fueron arrojados al horno, es decir Jesús, el Hijo eterno de Dios.

¿Cuáles son, pues, nuestras motivaciones para estar en el ministerio pastoral? He visto que no siempre existe un llamamiento divino real, aunque la persona no lo entienda así y persista pertinazmente en alcanzar su sueño personal. Hay quienes aspiran al pastorado para superar ciertas carencias emocionales, incluso antiguos traumas de la infancia o juventud, pensando equivocadamente que es un objetivo fácil de conseguir o que si consiguen llegar a pastorear un grupo de creyentes se van a sentir realizados. Al fin y al cabo, cualquiera que ha aprendido algunas cosillas en una iglesia y es lo suficientemente osado puede lanzarse a "levantar obra" por su cuenta. ¿Cuántos grupúsculos de cristianos hay por ahí capitaneados por cualquier atrevido o atrevida —o ambos juntos— salidos de mala manera de su iglesia? Posiblemente podrían haber prosperado allá donde Dios los puso, pero se negaron a recorrer el largo y sacrificado camino de la instrucción y la prueba, aprendiendo a estar sujetos y a rendir cuentas, y prefirieron la vía aparentemente rápida e independiente, más fácil y menos comprometida, pero que en realidad no conduce a ninguna parte. Debo admitir que en algún caso, por la pura misericordia de Dios, y superados determinados errores, hasta han prosperado, lo cual celebro. Viene al caso decir que en la iglesia de Dios en realidad no hay nadie independiente, pues lo que enseña la Palabra es que todos somos interdependientes, sujetos los unos a los otros, todos conectados por las coyunturas del cuerpo de las que habla la carta a los Efesios en su capítulo cuatro. Ningún miembro de un cuerpo es independiente de otro. Esos que dicen que su único pastor es Jesucristo mienten, porque, glosando a Juan, el evangelista, "¿cómo pueden estar sujetos a Jesucristo, al cual no ven, y no estarlo a los pastores de carne y hueso que sí ven?" Es mentira. En realidad, no están sujetos a nadie, no dan cuentas a nadie, y en realidad muchos de ellos se convierten en reyezuelos que mantienen subyugados a los poquitos que logran reunir. No son pastores según el corazón de Dios. La obra de Dios se lleva a cabo en orden y en sometimiento, en armonía con el cuerpo de Cristo que es la iglesia. En cierta manera, debido al individualismo exagerado de nuestra civilización, la iglesia moderna ha perdido cierta percepción de cuerpo, la dimensión colectiva, la catolicidad de los primeros siglos, rota después como todos sabemos por las ansias de hegemonía y predominio. Por eso, además de iglesias, existen *cortijos* y *chiringuitos*[8] que pretenden formar parte de ese cuerpo de Cristo que es la iglesia universal, aunque sin estar integrados en su estructura orgánica, es decir, que funcionan por libre y sin recibir instrucciones de su cabeza, que es Cristo.

Un ministerio fundamentado en Cristo es un ministerio en orden, que depende de él y está integrado armónicamente en el cuerpo de Cristo, sabiendo respetar al resto del cuerpo y reconociendo que es un miembro insertado en algo mucho mayor que él mismo y que su iglesia. Por eso es muy importante que entre nosotros, consiervos, sepamos mantener el respeto mutuo y la ética que corresponde a siervos o siervas del Señor. Es igualmente un ministerio que goza de *legitimidad*, es decir del respaldo divino explícito y el reconocimiento del pueblo de Dios.

Cuando Josué sucedió a Moisés, a punto de entrar a la Tierra Prometida para conquistarla, varias tribus de Israel a las que Josué se había dirigido pidiéndoles su participación en la conquista, le respondieron: "De la manera que obedecimos a Moisés en todas las cosas, así te obedeceremos a ti; solamente que Yahvé, tu Dios, esté contigo, como estuvo con Moisés" (Js 1:17). ¿Se puede pedir menos a quien pretende dirigir o pastorear al pueblo de Dios? Dios estará contigo si estás fundado sobre el único fundamento que él ha establecido para su iglesia: la roca, que es Cristo.

---

[8] En España, un *cortijo* es una finca grande dedicada a la agricultura y la ganadería, normalmente propiedad de alguna familia pudiente e influyente, el equivalente a una hacienda, un rancho o una chácara. Un *chiringuito*, por el contrario, es algo pequeño y precario, de algún material efímero, que normalmente está en una zona de playa o de recreo para proporcionar bebidas y comidas al público. En sentido figurado se usa cada uno de los términos para describir algo gobernado por un *señorito*, gran propietario con posición de *amo y señor*, normalmente sin mérito alguno más que la herencia que ha recibido. En este caso representa a esas "iglesias" regidas autoritariamente por alguien que se cree amo y señor de la misma. El chiringuito es representativo de algo levantado de cualquier manera, que no refleja la imagen de una verdadera iglesia, una especie de aventura eclesiástica que no siempre acaba bien.

La interpretación que andando algunos siglos Roma dio al texto de Mateo, "tú eres Pedro, y sobre esta roca edificaré mi iglesia" (Mt 16:18) no es más que una eiségesis, introduciendo en el texto una doctrina que no forma parte de la enseñanza neotestamentaria ni de la iglesia primitiva, que enseña claramente que la única roca es Cristo. El mismo Pedro dirá en una de sus cartas que él, como nosotros, es una piedra más en el edificio que es la iglesia, pues la "piedra angular" no es él, sino Jesucristo (1 P 2:4-8). El único señorío que puede existir en la iglesia de Jesucristo es el de Jesucristo mismo. Nosotros, como el mismo Pedro, somos representantes suyos, otras piedras vivas en el conjunto del edificio que es la iglesia, embajadores en su nombre, si queremos, pero nunca la piedra base del edificio, ni sátrapas, gobernadores o caciques llamados a controlar al pueblo de Dios.

Volviendo a Josué, el relato bíblico nos dice que, una vez pasado el Jordán de manera milagrosa, "en aquel día Yahvé engrandeció a Josué a los ojos de todo Israel. Y le temieron como habían temido a Moisés durante toda su vida" (Js 4:14). Eso es respaldo divino, y el respaldo divino da *legitimidad*: la otorgada por Dios mismo, y la otorgada por el pueblo.

CAPÍTULO 8

El Espíritu como única fuerza

Fortalecidos con poder en el hombre interior por su Espíritu.

Efesios 3:16

Jesús, en su larga conversación que tuvo con sus discípulos durante la última cena, antes de ser crucificado, les dijo: "Os digo la verdad: os conviene que yo me vaya, porque si no me voy, el Consolador no vendrá a vosotros; pero si me voy, os lo enviaré. Y cuando él venga, convencerá al mundo de pecado, de justicia y de juicio" (Jn 16:7-8).

Parece una frase un poco enigmática, pero es sobre todo clarificadora. Jesucristo es Dios encarnado en un ser humano, es decir unido a la materia y, aunque ahora, una vez resucitado, esté sometido a unas condiciones *físicas* particulares, como cuerpo glorificado, tiene limitaciones espaciales: está a la diestra de Dios. Los discípulos estuvieron con él resucitado, pudieron tocarle, comieron con él, traspasó paredes, desapareció de su vista, le vieron ascender a los cielos… De haberse quedado con ellos habría estado en un solo sitio a la vez. La *venida* del Espíritu Santo haría que su presencia pudiera ser universal, incluso en el interior de los corazones de los creyentes. Vivimos en plena era del Espíritu Santo, y por medio de él Dios obra en este mundo. Es él quien obra en los corazones de la gente para convencerlos de su pecado y lograr que se arrepientan y se acojan a la justicia de Dios en Cristo.

Después, añade: "Cuando venga el Espíritu de verdad, él os guiará a toda la verdad… y os hará saber las cosas que habrán de venir. Él me glorificará, porque tomará de lo mío y os lo hará saber" (Jn 16:13-14).

Esta larga conversación mantenida en la intimidad durante aquella última cena la recoge Juan en su evangelio de manera mucho más extensa que los otros evangelistas. En ella se aporta mucha de la información que tenemos sobre la persona del Espíritu Santo. Se le llama "el otro *parakletos*", traducido como *consolador*. ¿Por qué "otro"? porque el primero era el mismo Jesús. Todos sabemos que *parakletos* se refiere a alguien que está a nuestro lado para apoyarnos, animarnos, darnos fuerzas, etc. Por eso se suele traducir por abogado o consolador. Jesús lo llama Espíritu de verdad y Espíritu Santo, y revela que su misión sería estar *en* ellos, en su interior, guiándolos, enseñándoles y recordándoles todas las cosas que Jesús les había enseñado.

El mismo evangelio de Juan, a lo largo de su relato, hace notar las muchas veces que los discípulos malentendían las cosas o que no las entendían en absoluto, hasta que el Espíritu vino sobre ellos.

Lucas, en su evangelio, habla constantemente del Espíritu Santo, y no digamos en su segundo tratado, el libro de los Hechos, donde aparece continuamente.

Los discípulos habían sido emplazados por Jesús a esperar en Jerusalén hasta ser investidos del poder que les sería necesario para emprender la obra que Jesús iba a encomendarles, y ese poder les sería dado por el Espíritu Santo en cuanto cayera sobre ellos, cosa que ocurrió el día de Pentecostés. Así se cumplió lo que Jesús les había anunciado cuando les dijo: "Vosotros seréis bautizados con el Espíritu Santo dentro de no muchos días… pero recibiréis poder [*dynamis*] cuando haya venido sobre vosotros el Espíritu Santo" (Hch 1:5,8), pero también se cumplió la profecía de Joel, hecha algunos cientos de años antes, según proclamó Pedro en su mensaje a la multitud como explicación de lo ocurrido:

Esto es lo dicho por el profeta Joel: «En los postreros días –dice Dios–, derramaré de mi Espíritu sobre toda carne, y vuestros hijos y vuestras hijas profetizarán; vuestros jóvenes verán visiones y vuestros ancianos soñarán sueños; y de cierto sobre mis siervos y sobre mis siervas, en aquellos días derramaré de mi Espíritu, y profetizarán». Hechos 2:16-18.

Todas las manifestaciones extraordinarias ocurridas el día de Pentecostés, viento recio, fuego, lenguas desconocidas para los ciento veinte reunidos en el aposento alto, alabanzas, etc. fueron producidas por el Espíritu Santo. Según el relato de Hechos, algunos de aquellos mismos fenómenos se repitieron después más veces y en otros lugares como manifestación clara de la presencia del Espíritu Santo. Las profecías y las lenguas fueron manifestaciones que se daban en las iglesias, como ejercicio de los dones espirituales y sobre ellos habla Pablo en sus cartas.

Quienes se adhieren a la teología cesacionista dirán que todo eso pasó, que eran manifestaciones pasajeras vigentes durante un tiempo limitado, tal como dice Pablo: "El amor nunca deja de ser; pero las profecías se acabarán, cesarán las lenguas y el conocimiento se acabará" (1 Co 13:8). Es cierto, pero todo parece indicar que es una declaración escatológica: en algún momento, pero todavía no. Se aferran a la frase que sigue: "En parte conocemos y en parte profetizamos; pero *cuando venga lo perfecto*, entonces lo que es en parte se acabará" (vv. 9-10). Todo es cuestión de saber interpretar qué es "lo perfecto", que según los cesacionistas se refiere al canon del Nuevo Testamento, a la definición del Credo apostólico y la institucionalización de la iglesia con el establecimiento de la jerarquía de obispos, presbíteros y diáconos. Cito lo que escribe el especialista Jaroslav Pelican acerca de esto:

La cristiandad ortodoxa alteró de manera fundamental la idea que tenía de la actividad del Espíritu Santo preponderante al principio de su historia. Para homologar su existencia, la iglesia miró cada vez más, no hacia el futuro, iluminado por el retorno del Señor, ni al presente, iluminado por los dones extraordinarios del Espíritu Santo, sino hacia el pasado, iluminado por la composición del canon apostólico, la redacción del credo apostólico, y por el establecimiento del episcopado apostólico.[9]

---

[9] Jaroslav Pelikan, *The Christian Tradition. A History of the Developmente of Doctrine. 1 The Emergence of the Catholic Tradition (100-600)*, University of Chicago Press, Chicago, 1975, p. 107.

Se puede creer o no en la vigencia de los dones del Espíritu Santo en el tiempo presente, pero basarse en la llamada *triple norma* como "lo perfecto" es una interpretación particular y arbitraria. Desde luego, no tiene apoyo bíblico alguno, aunque sus defensores así lo crean. Tendríamos que admitir, además, que también el conocimiento –que siempre es parcial– también tendría que haber cesado, cuando la evidencia es todo lo contrario. Lo que sí es cierto es que las manifestaciones disminuyeron o prácticamente cesaron poco a poco en el transcurso de los primeros tres siglos. Precisamente, el movimiento montanista intentó reavivar el carácter carismático de las iglesias y su nivel de espiritualidad, bastante deteriorado ya en muchos aspectos, recuperando también su carácter escatológico perdido al no ver cumplidas las expectativas de un retorno de Cristo inminente. El montanismo, muy desconocido para muchos hoy, no fue un movimiento herético, aunque sí cismático, de carácter rigorista. Ciertamente, sus promotores no estuvieron libres de errores y de excesos, pero ese tipo de pecados han salpicado al cristianismo, o mejor dicho, a quienes nos consideramos cristianos a lo largo de su historia, como humanos que somos, y no voy aquí a obviarlos. Hay excesos, como también carencias, de los que no nos libramos ninguno de los movimientos espirituales y denominaciones surgidos a lo largo de la historia. Ni los más poderosos avivamientos se han librado de ellos.

De nuevo recurro a Pelikan, especialista en historia del dogma, que dice que el origen de este movimiento se puede explicar "porque, cuando la visión apocalíptica se volvió menos intensa, y el gobierno de la iglesia más rígido, las manifestaciones extraordinarias del Espíritu características de la iglesia primitiva disminuyeron en frecuencia e intensidad".[10] Uno de los montanistas de última generación fue Tertuliano, respetado por todos por ser uno de los más grandes apologistas del cristianismo. No fue él un extremista iluminado incontrolado, sin todo un teólogo eminente que hizo enormes aportaciones a la fe cristiana.

Dejando este paréntesis sobre el cese de la vigencia de los dones espirituales, seguimos con la acción del Espíritu Santo en el libro de los Hechos, porque nos sirve de ejemplo para nosotros hoy, entendiendo

---

[10] Jaroslav Pelikan, *The Christian Tradition*, Tomo I, p. 98.

que "Jesucristo es el mismo ayer, hoy y por los siglos" (He 13:8). El Espíritu Santo nos ha sido enviado para estar a nuestro lado en lugar de Jesús. Él es nuestra más grande ayuda, imprescindible y necesaria. Las referencias al Espíritu Santos en el Nuevo Testamento son innumerables y nos enseñan cuál es su misión a nuestro lado.

La promesa de poder que Jesús había dado a aquellos quinientos que se reunieron a su alrededor el día de su partida se cumplió el día de Pentecostés, y aquellos ciento veinte discípulos temerosos reunidos en el aposento alto salieron a la calle a proclamar las buenas nuevas de salvación sin temor alguno. Como resultado, se convirtieron como 3.000 personas que fueron bautizadas y se añadieron a los discípulos –la incipiente iglesia– aquel mismo día, formando la primera comunidad cristiana, aún no muy bien diferenciada del resto de los judíos, pero con una identidad propia y un vínculo particular, pues "perseveraban unánimes cada día en el Templo, y partiendo el pan en las casas comían juntos con alegría y sencillez de corazón, alabando a Dios y teniendo favor con todo el pueblo. Y el Señor añadía cada día a *la iglesia* los que habían de ser salvos" (Hch 2:46-47). Aquí ya *se les llama* iglesia, aunque seguían asistiendo al templo de Jerusalén. Y *eran* ya iglesia –una asamblea– porque se reunían y compartían una vida de fe en común, diferenciada del resto del pueblo que, aunque seguidores de la religión judaica, la misma que la de ellos, no compartían la fe en el Mesías Jesús. Todo fue obra del Espíritu Santo.

En la primera crisis de crecimiento de aquella iglesia, la suscitada por las quejas de los creyentes de cultura griega por el trato discriminatorio hacia sus viudas, los apóstoles reclaman dedicarse a su verdadera misión, la oración y la predicación de la Palabra, y que encarguen la tarea de atender la obra social de la iglesia a personas de "buen testimonio, llenos del Espíritu Santo y de sabiduría" (Hch 6:3). No es cuestión de establecer jerarquías entre quienes sirven al Señor, pero si para llevar a cabo una labor social hacía falta estar lleno del Espíritu Santo, imagino que para ejercer el pastorado no deberá requerirse menos.

No puedo referirme a todas las veces que Lucas cita al Espíritu Santo en su relato de los Hechos, pero sí a algunas ocasiones clave, como cuando el Espíritu Santo es derramado sobre la casa de Cornelio, siendo así señal inequívoca de que el evangelio era también para los gentiles. Cuando Pedro vuelve a Jerusalén y cuenta lo sucedido, quienes lo oían solo pudieron exclamar: "¡De manera que también a los gentiles ha dado Dios arrepentimiento para vida!" (Hch 11:18). La puerta cerrada a los gentiles acababa de ser abierta de manera definitiva y clara. La tenía que abrir Pedro,[11] pero la traspasaría de manera definitiva Pablo con su ministerio específico hacia los gentiles. Así lo dispuso en sus planes el Señor con sabiduría infinita.

Es el Espíritu Santo quien en Antioquía llama a Berbabé y Pablo y los envía al campo misionero (Hch 13:1-4). La iglesia los respalda ayunando, orando por ellos para ponerlos en manos del Señor y enviándolos a la misión, dando así inicio a la primera acción misionera planificada y ejecutada en obediencia al mandato divino. Más tarde, concluida esta primera misión que se les había encomendado, regresarían a su iglesia a dar cuentas de los resultados. Es lo que cuenta Lucas en su relato: "…navegaron a Antioquía, donde habían sido encomendados a la gracia de Dios para la obra que habían cumplido. Al llegar, reunieron a la iglesia y les refirieron cuán grandes cosas había hecho Dios con ellos y cómo había abierto la puerta de la fe a los gentiles" (Hch 14:26-27).

En las conclusiones del concilio de Jerusalén, los líderes de la iglesia reunida declaran que los acuerdos a los que han llegado son resultado de un consenso entre ellos y el Espíritu Santo (Hch 15:28), y en los viajes misioneros de Pablo la guía del Espíritu Santo es fundamental para el buen desarrollo de la misión.

En su mensaje de despedida dirigido a los líderes de la iglesia de Éfeso convocados en Mileto, Pablo les dice: "mirad por vosotros y por todo el rebaño en que *el Espíritu Santo os ha puesto por obispos para apacentar la iglesia del Señor*, la cual él ganó por su propia sangre" (Hch 20:28). Aparece aquí esta realidad fundamental para todo pastor o pastora: ¿Quién te ha puesto en el pastorado? ¿Cuál es tu misión? ¿Quién va a respaldarte para hacerla posible? Otra cosa sería que ocupáramos una posición pastoral por la mera acción humana, en cuyo caso estaríamos en precario.

Es evidente que la obra de Dios que se nos ha encomendado no se puede hacer sin la valiosa contribución del Espíritu Santo que inspira, envía, guía, establece, etc. Nosotros somos simplemente colaboradores

---

[11] Es esta una ocasión clara en la que Pedro hace uso de las llaves que Jesús le entregó a él y a los otros apóstoles (Mt 16:19; 18:18).

suyos, instrumentos humanos en sus manos para cumplir sus propósitos entre los humanos.

Como pastores, no solo leemos o estudiamos la Biblia; también oramos, predicamos, enseñamos, atendemos a la gente en sus necesidades, etc. y también cuidamos nuestra vida personal, física, emocional, familiar, etc.; pero nuestra verdadera fuerza no nos viene de nuestra fortaleza física, intelectual o emocional, sino del Espíritu Santo. Por eso Pablo avisa a Timoteo: "Ejercítate para la piedad, porque el ejercicio corporal para poco es provechoso, pero la piedad para todo aprovecha, pues tiene promesa de esta vida presente y de la venidera" (1 Ti 4:7-8). Por eso, decir que el Espíritu Santo es nuestra única fuerza no significa que despreciemos otras energías necesarias, como son las propias energías físicas y otras, sino que en la obra espiritual solo él puede actuar para darnos la victoria.

La piedad es la vida en el Espíritu en la que también hay que hacer ejercicio, pues se desarrolla y se fortalece con la práctica. La palabra griega usada para ejercicio es *gymnasia,* que creo que todos entendemos bien. En su segunda carta usa al atleta como ejemplo: "Y también el que compite como atleta, no gana el premio si no compite de acuerdo con las reglas" (2 Ti 2:5, LBLA). No hay atleta que no se ejercite constantemente para poder competir y, preparado, ha de hacerlo respetando las reglas, el *fair play;* eso es ética, de la que no podemos prescindir en el ministerio.

Es fácil ejercer nuestros ministerios apoyados en nuestros propios recursos: juventud; o quizá, experiencia; estudios, títulos, popularidad, economía, medios técnicos, equipo humano, etc. A medida que ministramos vamos adquiriendo confianza en nosotros mismos, la misma gente nos reconoce, y es fácil empezar a depender de nosotros mismos. Todo lo dicho anteriormente ayuda, pero es el poder del Espíritu lo que hace que un ministerio sea fructífero y relevante, que permanezca en el tiempo. Es su unción, no nuestro carisma o popularidad, lo que cuenta. Si, como ya hemos dicho, el amor de Dios es nuestro motor, "el amor de Dios ha sido derramado en nuestros corazones por el Espíritu Santo que nos fue dado" (Ro 5:5). Es el Espíritu Santo quien permite que no nos convirtamos en unos amargados, porque el "gozo inefable y glorificado" proviene de él (1 Tes 1:6) y lo necesitamos para superar nuestros contratiempos y desengaños.

En fin, podemos hacer un estudio bíblico detallado de todo cuanto el Espíritu Santo hace en nuestras vidas, aunque no es el propósito de este libro. Encontraremos por doquier que nuestra verdadera potencia proviene de él.

Si queremos ser pastores según el corazón de Dios, la única fuerza que alimentará nuestro ministerio y lo hará fructífero y beneficioso para aquellos a quienes servimos será el Espíritu Santo.

CAPÍTULO 9

El ejemplo como única herramienta

Sé ejemplo de los creyentes en palabra, conducta,
amor, espíritu, fe y pureza

1 Ti 4:12

Son palabras de Pablo a Timoteo, pastor joven que, por causa de su juventud, parece que se sentía amedrentado por el peso de la responsabilidad que suponía estar al frente de una comunidad cristiana. Pablo le muestra cuál es su mejor y más eficaz herramienta: **el ejemplo**.

Todo buen maestro sabe que la mejor manera de enseñar a sus alumnos es mediante la demostración y el ejemplo. Jesús, el Maestro por antonomasia, enseñaba a quienes le seguían utilizando símiles y ejemplos de la vida real como son las parábolas, pero el mejor de todos los ejemplos es el de uno mismo cuando hace ante los ojos de aquellos a quienes enseñamos lo que hay que hacer: "¿Veis? Así se hace. Ahora os toca a vosotros; seguid los mismos pasos, tal como lo he hecho yo". Y uno va supervisando cómo los aprendices van trabajando, corrigiendo, si es necesario, sus errores y alagando sus aciertos.

En la cena que celebró con sus discípulos antes de ser entregado, "se levantó de la cena, se quitó su manto y, tomando una toalla, se la ciñó. Luego puso agua en una vasija y comenzó a lavar los pies de los discípulos y a secarlos con la toalla con que estaba ceñido" (Jn 13:4-5). Todos somos capaces de visualizar la escena: Jesús de rodillas ante cada uno de sus discípulos, haciendo el desagradable trabajo de un siervo. El relato de Juan sigue con las siguientes palabras:

> Así que, después que les lavó los pies, tomó su manto, volvió a la mesa y les dijo: ¿Sabéis lo que os he hecho? Vosotros me llamáis Maestro y Señor, y decís bien, porque lo soy. Pues si yo, el Señor y el Maestro, he lavado vuestros pies, vosotros también debéis lavaros los pies los unos a los otros, porque *ejemplo os he dado* para que, como yo os he hecho, vosotros también hagáis. (vv. 13-15).

Para los discípulos, aquello no era más que uno de aquellos actos insólitos a los que Jesús los tenía acostumbrados; pero realmente era mucho más. Era una de las últimas lecciones magistrales de Jesús, el Maestro supremo, para que sus discípulos aprendieran una lección fundamental para la tarea que después les correspondería llevar a cabo cuando él ya no estuviera con ellos: la de ser siervos; la de servir, y no la de ser servidos. Fue una lección práctica, visible, impactante, que los conmovió en lo más profundo de sus corazones. No se esperaban algo así. Aunque estuvieran acostumbrados a determinadas acciones incomprensibles e inesperadas de su Maestro, no era normal: ¡el Maestro postrado a los pies de ellos, haciendo algo impropio de su posición y dignidad! Pedro se negó a participar en un acto así, aunque al final aceptó ante las palabras de su Señor: "Si no te lavo, no tendrás parte conmigo" (v. 8). Una lección que todos nosotros necesitamos aprender y encarnar en nuestra experiencia cotidiana. Si no la aprendemos, no seremos capaces de desarrollar un ministerio fructífero, sea el que sea, y mucho menos el de pastor de almas. El objetivo de la lección no es que establezcamos un ritual de lavamiento de pies en la congregación, como si de otro sacramento u ordenanza se tratara; la enseñanza es que aprendamos a ser siervos, dispuestos a poner a un lado nuestra posición y nuestros derechos, nuestro amor propio, y atender a las necesidades reales de la grey, es decir, de las personas, porque es necesario repetir que trabajamos con personas, seres dotados de dignidad y autonomía, responsables de sí mismos ante Dios, que han de enfrentarse libre y responsablemente a su propio destino eterno.

Seguir el ejemplo de Jesús **no es** ponerse de felpudo para que todos nos pisoteen, porque como ministros y como seres humanos tenemos una dignidad que hay que defender. Servir no es ser una persona pusilánime que se pliega a los caprichos de la gente por debilidad de carácter, pues Jesús también supo reaccionar y defender su misión frente a los opositores. La falsa humildad, como su nombre indica, no es humildad, es falsa; puede que hasta sea soberbia encubierta o quizás cobardía.

Pablo también lo hizo frente a quienes negaban su apostolado, pero ni Jesús ni Pablo se defendían a sí mismos, sino la tarea que les había sido encomendada: Jesús, la de dar testimonio de la verdad, mostrarnos al Padre y salvar a la humanidad; Pablo, la de llevar el mensaje del evangelio a los gentiles. Jesús reconoció: "Me es necesario hacer las obras del que me envió" (Jn 9:4); y Pablo, "si anuncio el evangelio, no tengo por qué gloriarme, porque me es impuesta necesidad; y ¡ay de mí si no anunciara el evangelio!" (1 Co 9:16).

¡Qué importante es saber a qué nos ha llamado el Señor y cuál es nuestra tarea específica, qué pide el Señor de cada uno de nosotros! Hay que tener muy claro estas cosas para saber hacer frente a la oposición y a la carga del servicio (ministerio).

El ejemplo de Jesús es sublime, no solo por haber lavado los pies de los discípulos, sino por haber sido capaz de humillarse a lo sumo, como reza el himno referido por Pablo en su carta a los Filipenses:

Él, siendo en forma de Dios,
no estimó el ser igual a Dios como cosa a que aferrarse,
sino que se despojó a sí mismo,
tomó la forma de siervo
y se hizo semejante a los hombres.
Mas aún, hallándose en la condición de hombre,
se humilló a sí mismo,
haciéndose obediente hasta la muerte,
y muerte de cruz.
Filipenses 2:6-8

Jesús no se aferró a su divinidad, sino que se vació (gr. *ekenosen*) de ella para convertirse en siervo (gr. *doulos*), igual que los hombres, humillándose así al punto de dejarse matar para consumar la obra expiatoria a nuestro favor y poder reconciliar así al mundo con Dios. Él es nuestro ejemplo supremo en todo, por eso este hermoso himno nos lo presenta Pablo precedido de la exhortación "haya, pues, en vosotros este *sentir* [gr. *phroneite*] que hubo también en Cristo Jesús" (v.5). El hecho que se invoque aquí al sentimiento indica que se trata de algo más que un ajuste formal, meramente externo. Es algo que debe nacer de nuestro corazón, de nuestras entrañas espirituales, de ese corazón según Dios que debe ser el nuestro. Seguimos el ejemplo de Jesús y damos ejemplo a la grey.

En el capítulo 3 Pablo escribe: "Hermanos, sed *imitadores* de mí y mirad a los que así se conducen según el *ejemplo* que tenéis en nosotros, porque por ahí andan muchos, de los cuales os dije muchas veces, y aun ahora lo digo llorando, que son enemigos de la cruz de Cristo" (vv. 17-18).

Contrasta Pablo su propio ejemplo con el de otros –muchos, según su referencia– que en realidad eran enemigos de la cruz de Cristo. Por lo escrito al comienzo del capítulo parece que se está refiriendo a los de "la circuncisión", es decir, los judaizantes, defensores de la salvación por ajustarse a la Ley –las obras– y que, por tanto, negaban la eficacia de la gracia de Dios manifestada en la cruz de Cristo, que requería simplemente arrepentimiento y fe sin obras previas.

La frase de Pablo es contundente: "¡Sed imitadores de mí!". ¿Podemos decir nosotros lo mismo? ¿Es nuestra vida digna de ser imitada? ¿Lo son nuestras motivaciones, nuestros sentimientos, nuestras actitudes? Podremos decirlo si nuestro corazón bebe de la fuente del corazón de Dios. Si nuestras fuentes son otras, nuestra vida también será otra, distinta a la deseada por Dios, y no todo en ella será imitable.

También a los tesalonicenses se dirige Pablo con las siguientes palabras: "Vosotros vinisteis a ser *imitadores* nuestros y del Señor, recibiendo la palabra en medio de gran tribulación, con el gozo que da el Espíritu Santo. De esta manera habéis sido *ejemplo* a todos los creyentes de Macedonia y de Acaya" (1 Ts 1:6.7), Y en el siguiente capítulo: "Vosotros, hermanos, vinisteis a ser *imitadores* de las iglesias de Dios en Cristo Jesús que están en Judea" (2:14). Los creyentes de Tesalónica se habían convertido, como iglesia, en un ejemplo para las demás iglesias. Habían aprendido por imitación, tanto de Pablo y de su equipo como de las iglesias en Judea. ¿Qué habían aprendido? De Pablo y sus compañeros, a divulgar la palabra de Dios para difundir la fe superando sus propios límites naturales, de modo que el mismo Pablo confiesa que él no tiene ya nada que añadir (v. 8). De las iglesias en Judea, a padecer la oposición de sus propios conciudadanos mostrando capacidad de aguante, paciencia, perseverancia a pesar de la oposición y del sufrimiento.

El ejemplo es nuestra mejor herramienta que tenemos como enseñantes, un instrumento altamente eficaz en nuestra labor de pastores, y así se lo recomienda Pablo a Tito: "Preséntate tú en todo como *ejemplo* de buenas obras; en la enseñanza, mostrando integridad, seriedad, palabra sana e irreprochable, de modo que el adversario se avergüence y no tenga nada malo que decir de vosotros" (Tit 2:7-8). ¿Qué debían ver los creyentes en Tito? ¿Qué características ministeriales debía presentar él como pastor? El texto está insertado en medio de una serie de recomendaciones que él debía hacer a las personas mayores, a las jóvenes esposas, a los adolescentes, a los siervos, es decir, a los creyentes en general. Todo está encuadrado entre dos frases muy claras: "Habla lo que está de acuerdo con la sana doctrina", primer versículo del capítulo y "esto habla, y exhorta y reprende con toda autoridad. Nadie te menosprecie…", que lo concluye. Pablo recomienda a Tito que al enseñar a los distintos colectivos de la congregación él tiene que mostrarse como ejemplo a seguir, tanto en su forma de actuar como en su manera de enseñar; le habla de integridad (gr. *afzarsía*, honestidad, coherencia), de seriedad o gravedad (gr. *semnotes*, dignidad), algo que muchas veces ignoramos o tratamos con ligereza, pues el ministerio lleva consigo implícita una dignidad debido a lo que es y lo que representa, como embajadores o representantes de Jesucristo. Hoy, cuando todo ha de ser informal, guay, moderno, etc. hay quienes pretendiendo ser populares olvidan que, con todo, el ministerio exige una dignidad que le es propia. Como siervos de Dios, somos imperfectos, nadie es suficiente, como dice Pablo, pero eso no resta que la tarea que nos toca realizar es una tarea por encargo divino: "Por tanto [escribe Pablo], que los hombres nos consideren como servidores de Cristo y administradores de los misterios de Dios. Ahora bien, lo que se requiere de los administradores es que cada uno sea hallado fiel" (1 Co 4:1-2); y en su segunda carta añade: "Esta confianza la tenemos mediante Cristo para con Dios. No que estemos capacitados para hacer algo por nosotros mismos; al contrario, nuestra capacidad proviene de Dios" (2 Co 3:4-5). El sentido de dignidad no es sentirse más que otros o superior a los demás, lo cual sería altivez, orgullo; se trata de reconocer la posición de honra espiritual que nos otorga el Señor por ser instrumentos en sus manos, "instrumento para honra, santificado, útil al Señor y dispuesto para toda buena obra" (2 Ti 2:21).

Por último, recordemos la exhortación del apóstol Pedro a sus compañeros de ministerio, ancianos (gr. *presbiteros*) como él, es decir, dirigentes de las iglesias o pastores: "Apacentad la grey de Dios que está entre vosotros, cuidando de ella, no por fuerza, sino voluntariamente; no por ganancia deshonesta, sino con ánimo pronto; no como teniendo señorío sobre los que están a vuestro cuidado, sino *siendo ejemplos de la grey*" (1 P 5:2-3).

Este texto es todo un compendio de acción pastoral:

1. *Apacentad…* Lo primero que se solicita de los pastores es que pastoreen, que apacienten al rebaño, que es la iglesia de Dios. Es una obviedad, está claro, pero como todo lo obvio, no todo lo es tanto y no siempre salta a la vista. Esta es, pues, su labor y no otra. Es lo que exigieron los apóstoles en Jerusalén al estallar el conflicto por causa de aquellos hermanos que pensaban estar siendo desatendidos en la asistencia social. La respuesta de los apóstoles, que eran quienes pastoreaban la iglesia, fue: "No es justo que nosotros dejemos la palabra de Dios para servir a las mesas. Buscad, pues, hermanos, de entre vosotros… a quienes encarguemos de este trabajo. Nosotros persistiremos en la oración y en el ministerio de la Palabra" (Hch 6:2-4).

2. *La grey de Dios que está entre vosotros…* Es decir, el pueblo de Dios. Hay tres ideas aquí muy interesantes: la primera, que a los creyentes se los compara con un rebaño de ovejas, de ahí la figura del pastor que nos representa en nuestro trabajo como siervos de Dios. La segunda idea es que el pueblo de Dios está entre nosotros, forma parte de nosotros y nosotros de él. Los varones que designó la iglesia de Jerusalén para ejercer aquel ministerio

específico había de ser elegidos entre ellos mismos. Ministros del Señor y pueblo de Dios formamos parte del mismo colectivo. La separación entre clérigos y laicos es una segregación que vino después, con el tiempo, llegando a constituir una casta sacerdotal alejada del pueblo, con sus prebendas y privilegios, y por qué no decirlo, de sus pecados. Evidentemente, las funciones que cada uno desempeña son distintas, pero no olvidemos que una de las verdades que la Reforma recuperó para al pueblo de Dios fue el sacerdocio universal de los creyentes, subrayada por el propio apóstol Pedro. Y la tercera idea es que ese pueblo le pertenece a Dios y no a nosotros. Como pastores o dirigentes, no somos propietarios de la iglesia y, por tanto, no somos sus amos ni sus soberanos, pues la única soberanía válida en la iglesia de Dios es la de Cristo, Señor del universo.

3. *Cuidando de ella, no por fuerza, sino voluntariamente...* Marca el estilo de dirección y guía que ha de presidir nuestra pastoral, y las motivaciones que la inspiran. El cuidado a que se refiere aquí es el de la vigilancia o supervisión propia del pastor (gr. *episkopuntes*), y ha de hacerse de manera voluntaria (gr. *anankastōs*), y no por presiones de ningún tipo o a disgusto. Si verdaderamente hemos sido llamados al ministerio pastoral, a pesar de los sinsabores que a veces acompañan nuestra labor, de la ingratitud humana y de todo tipo de contrariedad que a veces encontramos en el camino, en el corazón de Dios que se comunica con el nuestro encontramos satisfacción y gozo; como Pablo, que puede escribir: "Estoy lleno de consuelo y sobreabundo de gozo en medio de todas nuestras tribulaciones" (2 Co 7:4), o como expresa un poco más adelante en su carta, "por amor a Cristo *me gozo* en las debilidades, en insultos, en necesidades, en persecuciones, en angustias; porque cuando soy débil, entonces soy fuerte" (12:10). Es difícil entender esto desde un punto de vista humano, pero cualquiera que vive la vida en el Espíritu sabe que es una realidad que se puede experimentar, porque él mismo lo ha vivido en muchas ocasiones.

4. *No por ganancia deshonesta, sino con* ánimo pronto... Añade un detalle más. Sabemos que la palabra de Dios enseña que "el obrero es digno de su salario" y que, quienes gobiernan la iglesia y

desarrollan el ministerio de la predicación son dignos de "doble honor", es decir, de ser honrados también con el sustento económico, como indica el contexto de la referencia (1 Ti 5:17-18). Pero el dinero no puede ser lo que motive nuestro ministerio. En la antigüedad, a partir de que la iglesia se "instaló" socialmente, los cargos eclesiásticos llegaron a ser ambicionados por gente sin escrúpulos y se vendían y compraban, porque eran grandes sus dividendos. Ese fenómeno llamado "simonía" forma parte de las vergüenzas del cristianismo. Hoy en día, las cosas son diferentes, pero hay posiciones eclesiásticas que son igualmente ambicionadas. De ello hemos de huir. Nuestra entrega ha de ser "pronta", ágil, inmediata, sin hesitación. Es la entrega sacrificial y voluntaria, como la de Jesús. Tal actitud exigible en los pastores no exime a la iglesia de la responsabilidad de proveer para el sustento de sus pastores y líderes ni puede servir de coartada para hacerlo con mezquindad y tacañería.

5. *No como teniendo señorío sobre los que están a vuestro cuidado...* Precisamente aparece aquí la palabra *kleros*, designando no a los ministros del evangelio sino a la comunidad de creyentes que les ha sido asignada bajo su "responsabilidad" y que la RVR1995 traduce por "los que están a vuestro cuidado". La LBLA traduce por "los que os han sido confiados", y otras versiones hablan de "las heredades del Señor". No olvidemos que los pastores no somos más que *mayordomos* en la casa de Dios, a quienes se nos confía una heredad –la congregación– perteneciente al Señor y de la que habremos de dar cuenta un día. Por eso se nos exhorta a no *enseñorearnos* de los creyentes o ejercer *señorío* sobre ellos, creyéndonos sus dueños, como si la iglesia fuera de nuestra propiedad personal. ¡Tantas veces que se nos olvida esto! Claro que no siempre somos conscientes de que lo hacemos. Simplemente tenemos ideas acerca de la autoridad espiritual que nos traicionan y nos hacen sentir con el derecho a controlar las vidas ajenas y a tomar represalias contra todo aquel o aquella que se atreva a contradecirnos o a poner en duda nuestras posiciones. No son pocos los abusos cometidos bajo la coartada de la disciplina. La gente tiene ideas propias, porque cada uno tiene un nivel de madurez cristiana y un conocimiento bíblico y experiencia cristiana

determinados. Podemos solicitar de los miembros de nuestras iglesias que se atengan a la sana doctrina, que respeten ciertas normas, etc. pero no podemos exigir la uniformidad mental de la gente, ni que anulen su capacidad de discernir por sí mismos. Tener opiniones personales no es pecado, ni signo de rebeldía. Por eso las cartas apostólicas nos animan —exhortan— a buscar la unidad de criterio, lo cual no se consigue a la fuerza o por imposición autoritaria, sino mediante el desarrollo de los frutos del Espíritu y desarrollando una labor de enseñanza —pedagogía— adecuada. Hay asuntos bíblicos muy claros, otros menos claros, e incluso algunos oscuros. Viene al caso recordar la famosa frase de Agustín de Hipona: "En lo esencial unidad, en lo dudoso libertad, en todo, caridad". [12]

6. *Sino siendo ejemplos de la grey...* Esta es la fórmula "mágica". Sus resultados son extraordinariamente eficaces. Ha sido la teoría pedagógica más eficaz desde la antigüedad. Aprender viendo hacer y haciendo a continuación para aprender: "Ejemplo os he dado para que, como yo os he hecho, vosotros también hagáis". Magistral. Autor: Jesús de Nazaret, nuestro Maestro supremo.

Solo queda decir, ¡Amén!

---

[12] "In necesariis unitas, in dubiis libertas, in ómnibus caritas".

CAPÍTULO 10

Generadores de futuro

Porque con esperanza debe arar el que ara y el que trilla,
con esperanza de recibir del fruto.

1 Corintios 9:10

El ser humano es un ser proyectado hacia el futuro. Cuenta en su haber con el pasado, del que no podemos prescindir so pena de repetir los errores cometidos y del que obtenemos —se supone— experiencia y sabiduría. El presente se nos escapa rápidamente entre las manos, es efímero y volátil, casi que no existe, y se compone más bien de pasado inmediato y futuro que se está cumpliendo al momento. El futuro se abre delante de nosotros, con todas sus posibilidades y oportunidades. Pero el futuro parte del ayer, lo construimos hoy y está por llegar. Por eso, en la Biblia, nuestras Escrituras Sagradas, se habla de *esperanza*, que es la confianza en que el futuro nos depare lo que proyectamos o deseamos; por eso, "la esperanza que se demora es tormento del corazón; árbol de vida es el deseo cumplido" (Pr 13:12).

La palabra aparece por primera vez traducida por esperanza en Rut, en hebreo, *tiqvah*, que en la actualidad da nombre al himno nacional de Israel y va referida en este texto a la posibilidad ficticia de que Noemí volviera a tener marido y engendrar así hijos que entregar a sus nueras, Rut y Orfa. El libro del Antiguo Testamento en el que más aparece es el de Job (doce veces) seguido de Proverbios (ocho veces). En el Nuevo Testamento forma parte, en conexión con la fe, del mensaje esencial del evangelio.

En el libro de Proverbios está escrito: "Porque ciertamente *hay un porvenir* y tu *esperanza* no será frustrada" (23:18), frase que sigue a un consejo sabio: "No tenga tu corazón envidia de los pecadores, antes persevera en el temor de Yahvé en todo tiempo [lit. cada día]" (v.17). Habla, pues, del presente (cada día) y habla del futuro (porvenir) y de esperanza cumplida. Puede que en el presente miremos a nuestro alrededor y pensemos que la vida es injusta, que el impío prospera mientras nosotros pasamos necesidad o nos cuesta avanzar, haciendo que el futuro se torne incierto. Sobre las pruebas o dificultades del presente, el apóstol Pedro nos anima, diciendo:

> Por lo cual vosotros os alegráis, aunque por un poco de tiempo, si es necesario, tengáis que ser afligidos en diversas pruebas, para que, sometida a prueba vuestra fe, mucho más preciosa que el oro (el cual, aunque perecedero, se prueba con fuego), sea hallada en alabanza, gloria y honra cuando sea manifestado Jesucristo. Vosotros, que lo amáis sin haberlo visto, creyendo en él aunque ahora no lo veáis, os alegráis con gozo inefable y glorioso, obteniendo el fin de vuestra fe, que es la salvación de vuestras almas. 1 Pedro 1:6-9).

A todos nos interesa el futuro, sobre todo si el presente es aciago. Lo porvenir no está plenamente en nuestras manos, pero sí en cierta medida, pues se siembra esperando recoger el fruto que corresponde a lo sembrado. Hoy sembramos; mañana recogeremos, y según se siembra, así se cosecha. Previamente hemos tenido que arar, segar, trillar... como nos dice el texto del epígrafe; es decir, hemos tenido que trabajar duro. Eso es construir futuro. Es una ley natural:

> No os engañéis; Dios no puede ser burlado, pues todo lo que el hombre siembre, eso también segará, porque el que siembra para su carne, de la carne segará corrupción; pero el que siembra para el Espíritu, del Espíritu segará vida eterna. No nos cansemos,

pues, de hacer bien, porque *a su tiempo* [*kairós*] segaremos, si no desmayamos. Así que, según tengamos *oportunidad* [*kairós*], hagamos bien a todos, y especialmente a los de la familia de la fe. Gálatas 6:7-10.

Glosando al Eclesiastés, hay tiempo para sembrar y tiempo para cosechar. Este texto habla igualmente de presente (supuesto, *siembre*, o real, *siembra*), y de un tiempo real futuro (*a su tiempo*, es decir, cuando toque o corresponda) y de otro *posible* en el presente, que es la oportunidad. Engendrar futuro es, pues, sembrarlo adecuadamente hoy y cultivarlo durante el tiempo que sigue hasta conseguir que ese futuro se haga realidad. Nuestro futuro está directamente relacionado con el Espíritu de Dios.

Sabido es que en el griego del Nuevo Testamento nuestra palabra *tiempo* corresponde a dos palabras griegas: *jronos* o *chronos*, por un lado, que es el tiempo en abstracto que transcurre linealmente, minuto a minuto, día tras día y año tras año. Es el tiempo medido por el reloj y el calendario. La otra palabra es *kairós*, que teológicamente solemos interpretar como "el tiempo de Dios", y que se refiere a un tiempo específico, concreto, la ocasión oportuna. Por eso en este texto la misma palabra, que aparece dos veces, es traducida de dos maneras diferentes: "a su tiempo" y como "oportunidad". Porque en Dios, todo tiene su tiempo y Dios nos provee de oportunidades múltiples, tanto en cuanto a la salvación como en lo que concierne al servicio. El Eclesiastés es toda una reflexión existencialista acerca del tiempo y la oportunidad que se nos brinda a los seres humanos "bajo el sol". Escojo el siguiente pasaje como muestra:

> Anda, come tu pan con gozo
> y bebe tu vino con alegre corazón,
> porque tus obras ya son agradables a Dios.
> Que en todo *tiempo* sean blancos tus vestidos
> y nunca falte perfume sobre tu cabeza.
> Goza de la vida con la mujer que amas,
> todos *los días* de la vida vana
> que te son dados debajo del sol,
> todos *los días* de tu vanidad.
> Ésta es tu recompensa en la vida,

y en el trabajo con que te afanas debajo del sol.
Todo lo que te venga a mano para hacer,
hazlo según tus fuerzas,
porque en el *seol*, adonde vas, no hay obra,
ni trabajo ni ciencia ni sabiduría.
Me volví, y vi debajo del sol
que ni es de los veloces la carrera,
ni de los fuertes la guerra,
ni aun de los sabios el pan,
ni de los prudentes las riquezas,
ni de los elocuentes el favor;
pues a todos les llega *el tiempo y la ocasión*.
Ahora bien, el hombre tampoco conoce *su tiempo*.
Eclesiastés 9:7-12

Es una visión de la vida desde el punto de vista humano. Muchas de las acciones mencionadas son perfectamente legítimas y aceptables para el creyente: comer, beber, disfrutar de la intimidad con la pareja que Dios nos ha dado, etc., pero manteniendo la pureza de vida propia de quien teme a Dios —que es en resumen el mensaje del Eclesiastés. A la vez, se muestra lo aleatorio de la vida, donde las cosas no siempre parecen corresponderse con lo que se podría o nos gustaría esperar. Para la persona que no tiene su esperanza puesta en Dios, eso es el todo que va a sacar de ella. Nosotros como creyentes, que hemos echado nuestra suerte del lado del Señor, esperamos mejores cosas, como dice Hebreos:

Pero en cuanto a vosotros, amados, estamos persuadidos de cosas mejores, pertenecientes a la salvación, aunque hablamos así, porque Dios no es injusto para olvidar vuestra obra y el trabajo de amor que habéis mostrado hacia su nombre, habiendo servido a los santos y sirviéndolos aún. Pero deseamos que cada uno de vosotros muestre la misma solicitud hasta el fin, para plena certeza de la esperanza, a fin de que no os hagáis perezosos, sino imitadores de aquellos que por la fe y la paciencia heredan las promesas. Hebreos 6:9-12.

El texto hace referencia al pasado, al presente y al futuro.

Como líderes del pueblo de Dios nos toca recoger el legado del pasado, atender las necesidades del presente, pero también preparar y generar el futuro para dar continuidad a la obra de Dios. Somos "generadores de futuro", no cabe duda. Siempre he dicho que, como pueblo de Dios, no debemos perder nuestra perspectiva histórica: a nivel individual como también todos juntos; como colectivo humano y espiritual estamos haciendo historia; será más relevante o menos, eso dependerá de qué estamos haciendo, pero por acción u omisión, formaremos parte de la historia de nuestro tiempo. No debemos olvidarlo. Podemos parecer insignificantes ante nuestros propios ojos –o todo lo contrario– pero somos los protagonistas de nuestro presente.

Ahora: ¿Cómo generamos futuro?

Creo que, en primer lugar, se trata de mirar adelante con buena perspectiva, hacia horizontes amplios y abiertos, según la visión que encontramos en el corazón de Dios, que es inmenso, generoso, y lleno de amor por su obra y por sus criaturas. Ya hemos hablado de esto.

Ahora bien, podemos imaginar, concebir, visualizar y desear un determinado futuro. Es legítimo. Pero no hay garantías de que podamos hacer esos "nuestros sueños" realidad. Algunos lo consiguen, otros no. Alguien que lo consiguió fue Salomón, pero parece que la conclusión a la que llegó no fue muy satisfactoria: "Miré luego todas las obras de mis manos y el trabajo que me tomé para hacerlas; y he aquí, todo es vanidad y aflicción de espíritu, y sin provecho debajo del sol" (Ec 2:11).

La visión que verdaderamente vale la pena es la visión de lo que Dios ha previsto y preparado para cada uno de nosotros y que equivale a su propósito para nuestra vida. Pablo reconoce ante los filipenses lo siguiente: estoy "persuadido de esto, que el que comenzó en vosotros la buena obra, *la perfeccionará* [la llevará a pleno cumplimiento] hasta el día de Jesucristo" (Fil 1:6).

Hay varios aspectos del futuro por los que hemos de trabajar:

Nuestro propio futuro personal y familiar

Como pastores nos toca trabajar para asegurar nuestro propio futuro como ministros y el de nuestra familia. Cuando hablo aquí de asegurar nuestro futuro no estoy hablando de estabilidad y seguridad económica, sino de asegurar nuestra fidelidad al llamamiento que Dios ha puesto sobre nuestras vidas. El consejo de Pablo para Timoteo respecto de este tema es el siguiente:

> *Ocúpate* en la lectura, la exhortación y la enseñanza. *No descuides el don que hay en ti,* que te fue dado mediante profecía con la imposición de las manos del presbiterio. *Ocúpate* en estas cosas; *permanece* en ellas, para que tu aprovechamiento sea manifiesto a todos. *Ten cuidado de ti mismo* y *de la doctrina; persiste en ello,* pues haciendo esto te salvarás a ti mismo y a los que te escuchen. 1 Timoteo 4:13-16.

La exhortación de Pablo en estos versículos se compone de varios elementos puestos de manifiesto por el verbo en imperativo y que he destacado en cursivas:

1) *"Ocúpate…",* verbo que repite dos veces en determinadas actividades: la lectura de la palabra de Dios (estudio), la exhortación (la consejería pastoral) y la enseñanza (la predicación). Todo esto es tarea básica y fundamental del ministerio pastoral, nuestra actividad prioritaria. Quiere decir que es aquello en lo que debemos emplear de manera prioritaria nuestro tiempo. Esas actividades constituyen nuestra tarea principal. Sabemos que cualquier actividad del cristiano y, por supuesto, del ministro/a, ha de estar impregnada de oración, del contacto y la comunión con Dios, porque él es el que obra en nosotros "así el querer como el hacer, por su buena voluntad" (Fi 2:13).

2) *"No descuides el don que hay en ti…":* ese don es el ministerio, el servicio a los fieles y a la obra de Dios. El tiempo (*chronos*) corre desgastando y erosionando todo a su paso. Nuestras vidas también se desgastan y nuestro propio ministerio no es inmune a la erosión. El exceso de confianza, el desánimo, intereses diversos y ajenos al corazón de Dios pueden acabar desviándonos del propósito divino y, por tanto, de ese futuro glorioso que nos espera en el cumplimiento de su voluntad. ¡Cuántos han fracasado por descuidar lo que Dios puso en sus manos! Todo comienza con un poco de cansancio, perdemos la atención, comenzamos a mirar a otras cosas, a anhelar lo que tienen otros, a ver lo costoso −y

a veces aparentemente estéril– del servicio al Señor, y acabamos naufragando, como Pablo reporta de alguno de sus antiguos colaboradores, personas que antes fueron de su plena confianza y que compartieron el ministerio con él, pero que acabaron cayendo y arruinando sus ministerios. A nosotros también nos puede suceder y de ahí la necesidad de no ser negligentes sino cuidadosos y atentos con nuestro llamamiento.

3) *"Ten cuidado de ti mismo…"*: implica nuestra vida física, emocional, familiar, espiritual y ministerial, en equilibrio y moderación. La sobriedad es la regla para todo, que es la justa medida. Salomón llega a decir: "No seas demasiado justo, ni sabio en exceso; ¿por qué habrás de destruirte?" (Ecc 7:16). El perfeccionismo y el radicalismo son tendencias neuróticas destructivas, que hacen daño alrededor de quienes lo practican y a la persona misma que los padece, pues exigen –a los demás y a uno mismo– lo que no siempre es posible conseguir y crean frustración. Todos podemos fallar, incluso fracasar en alguno de nuestros empeños, pero en el Señor siempre está disponible su ayuda para rectificar, o para volver a empezar. El radicalismo impide ser tolerante y empatizar con los demás, levanta muros de división y separación, tiende a juzgar sin clemencia y, por tanto, condenar, creando tensiones y conflictos innecesarios.

El apóstol Pablo compara la vida con una carrera de fondo o con la lucha deportiva. Hay que saber a qué meta nos dirigimos y dosificar las fuerzas para alcanzarla. A sus convertidos corintios les escribe: "Yo de esta manera *corro*, no como a la ventura; de esta manera *peleo*, no como quien golpea el aire" (1 Co 9:26). La LBLA traduce "no como sin tener meta", y otras versiones "no como a cosa incierta". Lo que es evidente es que nuestra carrera ha de estar bien definida desde el principio para no ser una pérdida de energías y de tiempo. Utilizando la misma metáfora, a Timoteo le advierte: "El que lucha como atleta, no es coronado si no lucha legítimamente" (2 Ti 2:5). No se corre ni se pelea de cualquier manera o según los propios criterios. La victoria solo es merecida si se logra con la legitimidad que da el sometimiento y cumplimiento de las reglas. Es sorprendente la cantidad de siervos y siervas de Dios que desarrollan sus ministerios ajenos a una ética ministerial saludable y bíblica, haciendo destrozos aquí y allá, únicamente preocupados de potenciar lo que tiene que ver con ellos, sin más. Cuidar nuestro comportamiento, nuestra ética personal, es cuidarnos a nosotros mismos, como Pablo le aconseja a Timoteo.

El autor de Hebreos, en la misma línea de pensamiento, también recomienda, "despojémonos de todo peso y del pecado que nos asedia, y *corramos* con paciencia la carrera que tenemos por delante, puestos los ojos en Jesús, el autor y consumador de la fe" (He 12:1-2). Cuidar de nosotros mismos quiere decir planificar nuestra carrera de modo que lleguemos al final. Para ello necesitamos aguantar –la paciencia–, resistir. Seguimos a quien va en cabeza del pelotón, a Jesús, que es quien demuestra que es posible seguir adelante hasta triunfar, pues él creó la fe y la consuma en nosotros, esa confianza en la victoria que no depende de nuestras fuerzas sino de su poder infinito. Hay momentos de desánimo, de decaimiento... En el ciclismo lo llaman "pájara", decaimiento producido por el agotamiento de reservas. Se supera mediante el consumo de algún energético que hace que aumente el nivel de glucógeno. Pablo reconoce haber pasado por un momento así: "Perdimos la esperanza de conservar la vida. Pero tuvimos en nosotros mismos sentencia de muerte, *para que no confiáramos en nosotros mismos*, sino en Dios que resucita a los muertos. Él nos libró y nos libra y esperamos que aun nos librará" (2 Co 1:8-10). ¡Cuántas veces el Señor permite que nos veamos en situaciones así! Es, simplemente, para que aprendamos a no depender de nuestras propias y limitadas fuerzas, sino de su poder infinito. El exceso de confianza en uno mismo es traicionero y juega malas pasadas.

La mejor manera de cuidar de nosotros mismos, de estar seguros, es abandonándonos en las manos del Señor.

4) *"Y de la doctrina"*: la doctrina (gr. *didaskalía*) es lo que enseñamos como palabra de Dios. La pregunta que surge entonces, es: ¿qué enseñamos los pastores? Lo normal sería responder que lo único que enseñamos es eso, la palabra de Dios, pero la realidad es que junto a la "palabra pura", que el apóstol Pedro compara con la "leche espiritual no adulterada" (1 P 2:2), podemos mezclar

no pocas aportaciones de nuestra propia cosecha o, lo que sería seguramente peor, de cosecha ajena contaminada. En la cita ya utilizada anteriormente de la carta que Pablo dirige a Tito, se le recomienda enseñar con seriedad y honestidad, añadiendo el propio ejemplo de vida como respaldo a la enseñanza, y se resume el todo como "palabra sana e irreprensible". Podemos hablar de opiniones, de ideas, de política o de deporte, usar la psicología, elaborar teorías, hacer elucubraciones, "predecir" el futuro, juzgar, condenar, criticar, etc., pero "no todo edifica" ni "todo conviene". Solo la Palabra "es inspirada por Dios y útil [eficaz] para enseñar, para redargüir, para corregir, para instruir en justicia" (2 Ti 3:16). Enseñar la palabra de Dios y no nuestra propia interpretación que hacemos de ella requiere que hagamos una exégesis lo más correcta posible y respetemos las reglas de la hermenéutica, considerando los diferentes contextos. A veces se quebrantan las reglas más básicas del lenguaje, por lo que hemos de comenza por "leer" correctamente, entendiendo las palabras y las frases según el lenguaje utilizado, si es literal, figurado, y el tono empleado. Hay casos que hablan de "lo bíblico" impúdica e impunemente, como proclamando un dogma incuestionable, sin un estudio profundo y serio del texto bíblico, a veces siguiendo una determinada tradición interpretativa o la comprensión particular de quien habla y trata de imponer su propio criterio, sin más.

5) *"Persiste en ello…"*: es lo que queda. Hay que llegar a la meta de la que hemos hablado antes, perseverar hasta el final. Por un lado, según la consideremos, la vida es breve y se pasa rápido. Por otro, la vida es larga y transcurre por senderos a veces tortuosos y difíciles. Por eso dice David, "Aunque ande en valle de sombra de muerte, no temeré mal alguno, porque tú estarás conmigo; tu vara y tu cayado me infundirán aliento". El comentario a pie de página de la edición de CLIE del Tesoro de David, sobre este texto dice: "La traducción que tanto la versión inglesa King James como la española Reina-Valera y algunas otras hacen de la palabra hebrea צַלְמָוֶת, *salmawet*, en este versículo y algunos otros pasajes (Salmo 44:19) por *"valle de sombra de muerte"* va más allá del sentido literal de la propia palabra, que significa "densa

oscuridad".[13] En consecuencia, el pasaje no hace referencia solo al tránsito de la muerte, el paso de esta vida a la otra, sino a cualquier circunstancia tenebrosa y oscura por la que podamos pasar, como la ya mencionada anteriormente relatada por Lucas, en Hechos 27, que repito por venir al caso: "Al no aparecer ni sol ni estrellas por muchos días, y acosados por una tempestad no pequeña, ya habíamos perdido toda esperanza de salvarnos" (v. 20). ¡En cuántas ocasiones no nos vemos así, agobiados por la tormenta! No vemos ni sol ni estrellas, solo desolación y desespero. Ahí es donde aparece el papel de la fe, de la confianza en Dios, que siempre responde. Por eso, la recomendación que Pablo le hace a Timoteo es, "persiste en ello", porque esa es la manera de culminar lo que Dios nos ha encargado. Muchos tiran la toalla antes de finalizar el combate, no resisten la batalla y abandonan. Se sienten heridos en lo personal, amargados, desanimados, o simplemente dudan de que el Señor los haya llamado pensando haberse equivocado de vocación. Pero la victoria es de los que aguantan, de los que resisten a la presión manteniendo la serenidad y el temple sin dejarse derrotar. Contamos con la ayuda del Señor, su gracia infinita siempre a nuestra disposición. La carta a los Hebreos dice: "Considerad a aquel que sufrió tal contradicción de pecadores contra sí mismo, para que vuestro ánimo no se canse hasta desmayar" (He 12:3). Se refiere al mismo Cristo; él es nuestro ejemplo de perseverancia y resistencia. Mayor contradicción –oposición– que la que él sufrió, no la vamos a padecer nosotros.

El futuro de quienes nos han sido confiados por el Señor

El texto comentado en los párrafos anteriores concluye diciendo: "porque haciendo esto te salvarás a ti mismo y a los que te escuchen". El futuro de nuestras congregaciones también depende en buena medida de nosotros, de nuestra fidelidad al llamado y a la enseñanza correcta, de nuestro testimonio irreprensible y de nuestra perseverancia. He visto a no pocos caer, a otros amargarse, o simplemente, abandonar. Lo han tirado todo por la borda en un "¡sálvese quien pueda!", pero

---

[13] *Tesoro de David…* p. 684.

perdiéndolo todo y causando un daño imposible de medir en aquellos a quienes servían, que confiaban en él o en ella. Ni ellos mismos se han salvado de la quema, pues sus ministerios han quedado destrozados, por mucho que a veces algunos se dediquen infructuosamente a mantener una cierta apariencia de algo parecido a un ministerio. La restauración es posible, pero solo por la vía del verdadero arrepentimiento, de la restitución si procede, de una verdadera restauración conforme a los parámetros bíblicos; pero la realidad es que muchos optan por la vía más fácil de la huida hacia adelante –o la salida por la tangente, que también hay quien la aprovecha– que en realidad no lleva a ninguna parte.

El futuro de nuestros feligreses está ligado al nuestro, pero no de manera personal. Está ligado a nuestro ministerio que nos ha sido dado por Dios, no a nuestros planes personales, aunque estos pueden afectarles negativamente, si son otros que los propios de la obra de Dios, pues hay quienes "buscan sus propios intereses y no los de Cristo Jesús" (Fil 2:21).

El futuro de la iglesia como congregación

Para asegurar la continuidad de la congregación, Pablo manda a Timoteo: "Esfuérzate en la gracia que es en Cristo Jesús. Lo que has oído de mí ante muchos testigos, esto encarga a hombres fieles que sean idóneos para enseñar también a otros" (2 Ti 2:1-2).

El relevo generacional garantiza el futuro de la iglesia. Generar futuro significa propiciar que ese relevo se produzca con garantías de continuidad. La continuidad no significa que las siguientes generaciones tengan que seguir al pie de la letra lo que se les entrega, pues cada generación es responsable de predicar el evangelio en su propia época, según sus propias circunstancias, teniendo en cuenta que los códigos de comunicación cambian con el tiempo y especialmente de generación a generación. La iglesia *vintage* es, simplemente, una representación estética –patética– de una iglesia que ya no existe. Eso de querer volver a la iglesia del primer siglo es una pretensión absurda porque, salvo el evangelio puro y genuino, nada es igual. Lo que debemos intentar es que nos anime el mismo Espíritu que animó a aquella iglesia heroica, que recuperemos sus principios y valores, que trabajemos como trabajaron ellos, siendo testigos fieles del Señor Jesús. Lo que las generaciones que nos siguen han de recibir de nuestras manos es un legado revitalizado y enriquecido, no un cadáver momificado. Nosotros recibimos lo que nos transmitió la generación que nos precedió. Ese legado ha sido mi fundamento y mi guía, pero de no haberlo enriquecido y adaptado a mi propio tiempo, ahora estaría transmitiendo algo seco y posiblemente muerto.

¿Cómo levantamos esa generación nueva que sea capaz de recibir nuestro legado para transmitirlo a su vez a la siguiente generación? Porque no es algo automático. El legado no se pone en manos de cualquiera pensando que simplemente sobrevivirá. Hay que levantar esa generación y capacitarla para ampliar el legado y transmitirlo a su vez a la generación que los seguirá a ellos. Tenemos a nuestros jóvenes, pero como no seamos capaces de descubrir entre ellos a los futuros líderes de la iglesia, simplemente tendremos una generación de magníficos universitarios y profesionales, todos muy dignos y útiles, absolutamente necesarios para la supervivencia de la iglesia, pero que no cubrirán las necesidades de liderazgo espiritual del futuro. Generar futuro significa, entre otras cosas, engendrar pastores para cuando nosotros ya no estemos, para que ellos puedan dar continuidad a la obra del Señor en la que nos tocó participar. Para eso hace falta:

Crear oportunidades: es lo que le pide Pablo a Timoteo: "esto encarga a hombres fieles que sean idóneos…". ¿Cómo saber si son idóneos? Sabemos que con Pablo colaboraron como ayudantes distintas personas que demostraron de una u otra forma su valía en el ministerio o todo lo contrario, su ineptitud.

Sabemos que de nuestros seminarios salen hombres y mujeres con una determinada formación bíblica y espiritual, pero ¿entran todos ellos en la categoría de idóneos para ser pastores o pastoras? ¿Cómo vamos a saberlo si no les damos la oportunidad de demostrarlo? ¿Qué, los ponemos directamente a cargo de una iglesia? ¿Esperamos a que por sí mismos demuestren su idoneidad? La manera de saberlo pasa necesariamente por darles la oportunidad de demostrar su llamamiento. Si alguno de ellos falla, ¿será que nos equivocamos? Personalmente estoy convencido que dar oportunidades no es nunca un error. He tenido fracasos en esta tarea, pero el error solo es achacable a quien fracasa, a menos que hayamos inducido a alguien a hacer lo que él o ella no sentían ni deseaban, quizás buscando nosotros el cumplimiento de nuestros propios planes, siguiendo nuestros intereses, no los del Señor. Las causas del fracaso pueden ser múltiples, a veces combinadas. A veces se me achaca por parte de alguno de mis colaboradores que corro mucho dando oportunidades, pero todo tiene su tiempo. Los cultivadores de uva para hacer vino tienen que saber con precisión cuando recogerla. Es tarea de expertos, no de aprendices ni de espectadores. Con las personas pasa igual, hay un tiempo adecuado, pasado el cual, quizás perdamos a alguien valioso o valiosa. Los valores hay que aprovecharlos a tiempo, antes de que otras ofertas nos los arrebaten de las manos. Me refiero no solo a alguien que tire de ellos, que también, porque hay quienes no saben respetar a los demás, sino que la vida está llena de ofertas suculentas. Cuando alguien no encuentra razón para su vida aquí, la buscará allá. Algunos saldrán mal, pero muchos saldrán bien para la gloria de Dios. Es algo que debemos hacer bajo la dirección del Espíritu Santo. Es lo que Pablo hizo con Timoteo, entre otros, o lo que Bernabé hizo con Pablo. Parece que los resultados fueron buenos en ambos casos.

El futuro desde el punto de vista escatológico

Pablo, en su carta a los creyentes de Tesalónica, iglesia cuya fundación se narra en Hechos 17, les declara: "os convertisteis de los ídolos a Dios, para servir al Dios vivo y verdadero y esperar de los cielos a su Hijo, al cual resucitó de los muertos, a Jesús, quien nos libra de la ira venidera" (1 Ts 1:9-10). Como pastores según el corazón de Dios, no podemos perder la visión escatológica del futuro, esto es, que Cristo ha de volver, que los juicios de Dios acabarán derramándose sobre este mundo corrompido e injusto, y que seremos preservados de esos juicios. En esta misma carta, un poco más adelante, amplia lo dicho al principio: "El Señor mismo, con voz de mando, con voz de arcángel y con trompeta de Dios, descenderá del cielo. Entonces, los muertos en Cristo resucitarán primero. Luego nosotros, los que vivimos, los que hayamos quedado, seremos arrebatados juntamente con ellos en las nubes para recibir al Señor en el aire, y así estaremos siempre con el Señor" (1 Ts 4:16.17). La iglesia apostólica del primer siglo vivía con la esperanza de que Cristo habría de volver pronto, aunque también conocían que antes habrían de darse ciertos requisitos. Era una iglesia plenamente escatológica. El paso del tiempo y la evidencia de que el tiempo de la segunda venida de Cristo aun no llegaba enfriaron ese carácter escatológico, adaptándose así a la realidad presente. Múltiples interpretaciones aparecieron para explicar la tardanza. Tras los avivamientos del siglo XVIII y el surgimiento de los movimientos restauracionistas del siglo XIX, entre ellos el milenarismo, el interés por la escatología vuelve a impregnar las iglesias cristianas. El pentecostalismo surge directamente de ese movimiento espiritual general, y de nuevo la segunda venida de Cristo como acontecimiento inminente se vuelve doctrina fundamental, impulsora en buena venida de los avivamientos subsiguientes y de la gran expansión misionera del siglo XX. Sin duda, ese regreso de Jesús a la tierra está en el corazón de Dios. Las últimas palabras del Apocalipsis son: "El que da testimonio de estas cosas dice: «Ciertamente vengo en breve.» ¡Amén! ¡Ven, Señor Jesús!" (Ap 22:20). Al final de su carrera, Pablo reconoce: "me está reservada la corona de justicia, la cual me dará el Señor, juez justo, en aquel día; y no sólo a mí, sino también a todos *los que aman su venida*" (2 Ti 4:8). Ahí, en ese número, hemos de estar nosotros.

Los debates sobre si el arrebatamiento de la iglesia acontecerá antes, durante o después de la Gran Tribulación no nos llevarán a ninguna parte, aunque pueden ser interesantes como objeto de estudio, pero lo que de verdad debe ocuparnos es estar preparado para cuando ese acontecimiento ocurra, nosotros y nuestras congregaciones a las que ministramos.

CAPÍTULO 11

Mayordomía pastoral

> *Yo os elegí… y os he puesto para que vayáis y llevéis fruto,*
> *y vuestro fruto permanezca.*
>
> Juan 15:16

La mayordomía es un concepto teológico que forma parte de nuestra tradición doctrinal protestante, referida principalmente a la gestión que los creyentes hacemos de nuestros recursos materiales –tiempo, capacidades, bienes, dinero– en relación con nuestras responsabilidades con Dios y su obra. Pero como concepto bíblico va más allá y tiene más que ver con nuestra responsabilidad como portadores y proclamadores del testimonio del evangelio, sin olvidar la parte que nos toca como administradores de todo cuanto Dios nos da, de lo cual todos habremos de dar cuenta un día, pues, como dice el apóstol Pablo, "todos compareceremos ante el tribunal de Cristo… de manera que cada uno de nosotros dará a Dios *cuenta de sí*" (Ro 14:10,12).

En nuestras traducciones de las Escrituras Hebreas aparece la palabra *mayordomo*, que corresponde, no a un vocablo singular hebreo, sino a la expresión "el que está sobre la casa de…" (*asher al beit*), que la Septuaginta traduce al griego como *oikonomos* y que el Nuevo Testamento utiliza en el mismo sentido. El término resulta de unir *oikos* (casa) y *nomos* (ley o gobierno), para designar a la persona que en nombre y con la autoridad delegada por el amo o propietario, regentaba su hacienda, normalmente un esclavo de alto rango y plena confianza. Un ejemplo es José en casa de Potifar. Dice el texto bíblico que "halló José gracia a sus ojos, y lo servía; lo hizo mayordomo de su casa y entregó en su poder todo lo que tenía… Él mismo dejó todo lo que tenía en manos de José, y con él no se preocupaba de cosa alguna sino del pan que comía" (Gn 39:4,6). Literalmente dice que "lo puso sobre su casa", lo que corresponde exactamente a la labor que ejerce el *epískopos* (obispo o supervisor), es decir, el pastor, sobre la casa del Señor, que es la iglesia. Por eso podemos decir con propiedad que los pastores somos mayordomos sobre la casa de Dios.

Hasta tiempos recientes, en determinados medios sociales, el mayordomo era el criado de mayor rango que gestionaba el funcionamiento y la administración de una casa señorial, teniendo a su cargo a todo el servicio de la casa. Su función está ampliamente ilustrada en la literatura, el cine y la televisión, de modo que todos podemos entender claramente de qué se trata. Hoy, al haberse igualado mucho socialmente los niveles –que no las cuentas bancarias ni los privilegios– de clase, con la irrupción de una potente y adinerada burguesía, las cosas no son exactamente igual. La llamada aristocracia ha decaído bastante, dando ascenso a los que simplemente son "ricos" porque tienen mucho dinero. El antiguo sistema de "arriba y abajo", prácticamente, ya no existe, salvo en algunas casas reales, principescas o presidenciales. Pero la función del mayordomo nos es útil para ilustrar como es nuestro servicio para el Señor.

El mayordomo es una autoridad doméstica, es el administrador de una gran casa, pero no es el señor de la casa. Así somos nosotros como pastores para el pueblo de Dios. El apóstol Pablo lo expresa muy bien cuando escribe: "Por tanto, que los hombres nos consideren como *servidores* de Cristo y *administradores* de los misterios de Dios. Ahora bien, lo que se requiere de los *administradores* es que cada uno sea hallado fiel" (1 Co 4:1-2).

Los dos términos originales que se nos asignan en el texto son, *hyperetes*, que puede traducirse como siervo, criado o ayudante, y *oikonomos*, que es el administrador, gerente o mayordomo de una casa. El detalle aquí es que, para que la gente nos tenga por tales, la característica fundamental del cargo o la función es la fidelidad.

¿Qué espera el Señor de nosotros como mayordomos o administradores de sus misterios, es decir, del evangelio, la buena nueva de salvación? Pablo reconoce: "Si anuncio el evangelio, no tengo por qué gloriarme, porque *me es impuesta necesidad*; y ¡ay de mí si no anunciara el evangelio! Por eso, *si lo hago de buena voluntad, recompensa tendré*; pero si de mala voluntad, la comisión me ha sido encomendada (1 Co 9:16-17). La misión encomendada –la responsabilidad– lleva siempre aparejada una rendición de cuentas y una recompensa cuando la actitud con que se lleva a cabo es la correcta: "de buena voluntad"; "no por fuerza, sino voluntariamente… de ánimo pronto", como escribe el apóstol Pedro (1 P 5:2). De la recompensa nos ocuparemos en el próximo y último capítulo. Ahora lo hacemos de la responsabilidad que nos toca como sus administradores en la tierra. Pablo recuerda que, aunque nuestra actitud sea mala, la responsabilidad sigue ahí. De una u otra forma, tendremos que rendir cuentas de nuestra mayordomía. La Gran Comisión no es una recomendación divina que uno puede asumir o no, según "sienta", tenga ganas o le parezca bien. No es un mandato que podemos posponer indefinidamente en espera de la ocasión propicia para llevarla a cabo. Los siervos reciben encargos que han de ejecutar con prontitud –"ánimo pronto". Y de esos encargos –misiones– han de dar cuentas, tanto de su ejecución como de sus resultados, sean buenos o sean malos.

Bien conocida de todos es la parábola de los talentos. Sabemos cómo aquel señor entregó parte de su hacienda a sus siervos para que la gestionaran convenientemente. Como toda gestión, se espera que esté bien hecha, bien administrada, y que dé resultados positivos, es decir, que obtenga beneficios. Dice el texto que "después de mucho tiempo regresó el señor de aquellos siervos y *arregló cuentas* con ellos" (Mt 25:19). Dos de los tres siervos entregaron a su señor la parte de hacienda que habían recibido más otro tanto de ganancia que su gestión había producido. Ambos recibieron la alabanza de su señor por su labor bien realizada, "Bien, *buen siervo y fiel*; sobre poco has sido fiel, sobre mucho te pondré. Entra en el gozo de tu señor" (Mt 25:21). El tercer siervo devolvió lo que había recibido, acompañado de un reproche solapado, diciendo, "Señor, *te conocía* que eres hombre duro, que siegas donde no sembraste y recoges donde no esparciste; por lo cual *tuve miedo*, y fui y *escondí* tu talento en la tierra; aquí tienes lo que es tuyo" (Mt 25:24-25). Terribles palabras que sellaron su destino. La respuesta de su señor es igualmente terrible: "Siervo *malo y negligente, sabías* que siego donde no sembré y que recojo donde no esparcí. Por tanto, debías haber dado mi dinero a los banqueros y, al venir yo, hubiera recibido lo que es mío con los intereses" (vv. 26 y 27).

En primer lugar, es evidente que cuando el siervo dice "te conocía", demuestra que su conocimiento real de su señor era deficiente y sesgado. El concepto que tiene de su señor, trasladado al ámbito de la relación con Dios, que es lo que pretende la parábola que entendamos, es el de la persona legalista, meramente religiosa, que entiende servir a un Dios injusto y cruel, "duro, que siegas donde no sembraste y recoges donde no esparciste". Es una respuesta sumamente insolente, irrespetuosa, acusatoria. Su confesión, "tuve miedo", junto con su idea del señor, es la clave de su actuación. ¡Cuántos errores se cometen en la vida por causa del miedo! Porque el miedo ciega la mente y no deja pensar. El temor de Dios del que hablan las Escrituras no es miedo a Dios, al dios del palo. ¡Cuantas veces, de manera insensata, los padres han corregido a los hijos diciéndoles, "¡No hagas esto o aquello, que Dios te va a castigar!" Es un error terrible, porque transmitimos a nuestros hijos una imagen absolutamente equivocada de Dios. Estamos implantando en sus tiernos corazones la idea del Dios severo y castigador, la misma que tenía aquel siervo negligente, y es la que arraigará y regirá sus vidas en el futuro. Según esa siembra, así será su comportamiento posterior cuando crezcan. Es mejor aprender del apóstol Juan, que nos transmite una imagen de Dios totalmente opuesta:

> Nosotros hemos conocido y creído el amor que Dios tiene para con nosotros. **Dios es amor**, y el que permanece en amor permanece en Dios y Dios en él. En esto se ha perfeccionado el amor en nosotros, para que *tengamos confianza en el día del juicio*, pues como él es, así somos nosotros en este mundo. *En el amor no hay temor*, sino que *el perfecto amor echa fuera el temor*, porque el temor lleva en sí castigo. De donde *el que teme, no ha sido perfeccionado en el amor*. 1 Juan 4:16-18.

Es decir, que quien tiene miedo de Dios, es deficiente en amor, porque Dios es amor. Se le escapa toda una dimensión de Dios, si podemos hablar así, que además es la definitoria principal de su naturaleza.

Se puede argumentar que la Biblia dice también que "Dios es fuego consumidor", que él "castiga a quien ama", que Dios es santo y no tolera el pecado, etc. Todo eso es cierto, pero situado en su justo lugar y en su justa medida. Pero por encima de todo, Dios es amor y nos lo demostró, como explica el apóstol Pablo, "en que siendo aún pecadores, Cristo murió por nosotros" (Ro 5:8). Solo cuando el ser humano se rebela abiertamente contra Dios, cuando se empecina en su maldad y resiste de manera reiterada a la voz de Dios, Dios aplica la justicia de la Ley, porque él es justo. Mientras respondamos a Dios con la actitud del publicano, humillados, sintiéndonos indignos e incapaces, la misericordia de Dios, como ya hemos explicado antes, estará a nuestra disposición para perdonarnos y proveernos de la capacidad de superar nuestra triste condición porque, en este caso, la justicia le fue imputada a Cristo, que ocupó nuestro lugar en la cruz llevando nuestras faltas y pecados sobre sí mismo, pagando por ellas y borrándolas así de nuestra cuenta.

Aquel siervo torpe, guiado por la idea equivocada que tenía de su señor y el miedo a su supuesta reacción injusta, escondió su talento bajo tierra, cuidadosamente oculto, para ser devuelto sin más al regreso de su dueño. No entendió en absoluto el propósito de aquel encargo. Quizás pensara que se trataba de una trampa de su señor para reclamarles más tarde lo que no podrían dar. Pone de manifiesto igualmente la falta de comunicación con sus consiervos, su aislamiento personal, su individualismo. Solo pensó en él, no consultó con los otros qué iban a hacer, o que pensaban del asunto. No, nada, él solito pensó con su mente y sentimientos negativos y decidió la línea de actuación errónea. Así como los otros siervos son reconocidos como "buenos y fieles", a este se le llama "malo y negligente", a la vez que se le razona por qué. En primer lugar, se le juzga según sus propios criterios: "sabías que…" (v. 26). Su propia conciencia ejerce de testigo de cargo. Después se le sugiere que, incluso en su caso, debido a su pusilanimidad, había otras opciones aceptables de escaso riesgo: "Debías haber dado mi dinero a los banqueros y, al venir yo, hubiera recibido lo que es mío con los intereses" (v. 27). Si no eres capaz de generar beneficios por ti mismo, pon tus talentos a las órdenes de quienes saben sacarles provecho y déjate llevar, pero produce, aunque sean "los intereses", el beneficio que otros saben sacarle a tu talento. No olvidemos que un talento era una cantidad nada despreciable de oro, todo un capital. Creo que la figura puede representar a aquellos creyentes algo timoratos a quienes les cuesta o son incapaces de tener iniciativas propias, pero que son valiosos a las órdenes de quienes saben liderarlos y hacer que produzcan fruto, aunque este no sea exagerado.

El final de la historia –parábola– lo conocemos todos: el siervo infiel fue despojado de todo y excluido del dominio de su señor, arrojado a las tinieblas de afuera, donde solo se experimenta frustración, desolación, amargura y desesperación. Toda una lección espiritual, que es lo que el Señor Jesús pretendía transmitir a sus discípulos y que a nosotros también nos interesa aprender.

¡Qué importante es tener nuestra mente espiritual bien amueblada, como se suele decir! ¿Cuál es nuestra idea de Dios? ¿Cómo entendemos nosotros nuestro ministerio, nuestra misión, nuestra ministración a las almas? ¿Qué entendemos por fruto? ¿Somos realmente conscientes de que un día tendremos que dar cuentas a Dios del ejercicio y el resultado de nuestro ministerio?

Los pastores solemos hablar mucho de visión, de oración y comunión con Dios, de la misión y el compromiso, etc. Pero nuestra visión –idea o concepto– que tenemos de Dios es fundamental, como lo fue para los tres siervos de la parábola. Los dos de ellos que pusieron sus talentos a trabajar y producir no debían de tener la misma imagen de su señor que el tercero que escondió el suyo. Por el resultado de su trabajo y gestión se ve que esperaban haber cumplido con las expectativas de su señor, que no eran sino las propias y coherentes con su responsabilidad administrativa, pues se espera que una hacienda produzca riqueza y no sea una propiedad baldía y que lo haga en proporción a sus dimensiones y posibilidades, unas más otras menos, de manera proporcional. Además, la cantidad de bienes y recursos puestos en las manos de los tres siervos no se adjudicó de forma arbitraria, que pudiera parecer injusta, sino que explícitamente se dice que fue distribuida "a cada uno conforme a su capacidad" (v.15). Así sucede con nosotros. Dios nos encomienda a cada uno una misión según nuestra capacidad, capacidad que se puede aumentar y desarrollar si nos atenemos a la norma a la que apeló el señor de la parábola: "sobre poco has sido fiel, sobre mucho te pondré"; y así transcurre nuestro ministerio, de menos a más, de poco a mucho, siempre en base a nuestra fidelidad. No hay saltos imposibles, ni malabarismos, ni "pelotazos".[14] El camino del ministerio lleva su tiempo; primero en cuanto a su preparación y aprendizaje –una vez evidenciado el llamamiento–, después su acreditación y reconocimiento, sus inicios que no siempre son fáciles, después su desarrollo y, por último, su culminación.

La carta a los Hebreos nos dice: "obedeced a vuestros pastores y sujetaos a ellos, porque ellos velan por vuestras almas como quienes *han de dar cuenta*, para que lo hagan con alegría, sin quejarse, porque esto no os es provechoso" (He 13:17). ¿Seremos los pastores esos banqueros de la parábola que tenemos que lograr que los talentos de nuestros feligreses den, como mínimo, intereses? En este caso, lo único que tienen que hacer es obedecer y estarles sujetos. Sabemos que este texto no es un cheque en blanco extendido a favor de los pastores que obligue a nuestros miembros de la iglesia a hacer cuanto se nos antoje. Es una buena recomendación, porque es mejor que demos nuestro reporte con alegría y no quejándonos de los miembros, lo cual no les sería provechoso. Es como si el banquero, al informar del rédito de la cuenta y ante las reclamaciones del interesado tuviera que explicar: "¡Qué quieres, chico; si tu saldo ha estado siempre a cero! ¿Ahora quieres recibir intereses?" Tal cosa no es posible.

La alegoría de *La vid verdadera*

Es, por tanto, un requisito de nuestro ministerio que aporte beneficios y que rindamos cuentas de ellos al Señor que nos ha llamado a un servicio, a una misión, conforme al texto del evangelio de Juan que encabeza este capítulo: "No me elegisteis vosotros a mí, sino que yo

---

[14] En España, un "pelotazo" es una metáfora que ilustra un beneficio extraordinario que supera la lógica propia de un negocio cualquiera, un golpe de suerte, el resultado de una información privilegiada, una "oportunidad" que no se puede desaprovechar... Hubo una época (años 80 – 90) en la que se hablaba la "cultura del pelotazo", en la que, gracias a sus contactos políticos e influencias, muchos se enriquecieron de esa manera. No era cuestión de trabajar con ahínco y productividad, sino de tener la "suerte" de "dar un pelotazo" (obtener un contrato millonario de la administración, vía "enchufe", una sinecura, o un matrimonio provechoso, en cuyo caso el nombre que se le daba era otro más vulgar, pero con el mismo resultado).

os elegí a vosotros y *os he puesto para que vayáis y llevéis fruto, y vuestro fruto permanezca*" (Jn 15:16).

Nuestra mayordomía sería vana, estéril, improductiva, si no llevara el fruto correspondiente a una buena gestión o ministración. El texto de Juan sigue a la alegoría de la vid verdadera, que es el propio Jesús, siendo nosotros los pámpanos o sarmientos, es decir, las ramas de las que cuelgan los racimos de uva. El segundo versículo es tajante: "todo pámpano que *en mí* no lleva fruto, lo quitará; y todo aquel que lleva fruto, lo limpiará, para que lleve más fruto".

Son muchas las enseñanzas que se derivan de esta alegoría:

1. Hay un reparto de papeles:
    a. El labrador es Dios, el Padre.
    b. La cepa, el tronco de la vid, es Jesús.
    c. Los creyentes fieles y verdaderos, son los pámpanos o sarmientos.
    d. Las ramas improductivas representan a los "creyentes" parásitos, que solo consumen y no producen (no serán tan creyentes, por eso los pongo entre comillas). A estas ramas improductivas que restan fuerza a las portadoras de fruto, los jardineros las llaman "chupones".
2. En cuanto al fruto:
    a. Se menciona de manera genérica el fruto, las uvas, pero no se especifica en qué consiste en cuanto al creyente.
    b. El fruto lo produce el tronco, la cepa, pero no las ramas, que solo son sus portadoras.
    c. No todas las ramas son productivas. Las improductivas son cortadas para que no debiliten a las que sí lo son.
    d. Para que los pámpanos puedan producir el fruto que se espera de ellos, han de estar unidos a la cepa, de donde reciben la savia que les da vida, y permanecer así todo el tiempo.
    e. Para que la productividad aumente, los pámpanos portadores de fruto, han de ser "limpiados": "Todo aquel que lleva fruto, lo limpiará, para que lleve más fruto" (v. 2). ¿Cuál es el significado de esta parte de la alegoría? El mismo Jesús lo aclara cuando les dice a sus discípulos, "Ya vosotros estáis limpios por la palabra que os he hablado" (v. 3). Son muchas

las ilustraciones bíblicas para describir la palabra de Dios. Lo que podemos decir aquí es que la palabra de Dios, con la ayuda del Espíritu Santo, que es quien la inspira y la ilumina, limpia nuestras vidas de aquello que sobra y perjudica a nuestra salud espiritual, así como las plagas y los parásitos dañan a la planta. Hay plagas terriblemente destructivas para la vid, que en determinados momentos históricos han arrasado las plantaciones, como la filoxera, el pulgón o el mosquito verde. En el campo espiritual hay multitud de amenazas, como el orgullo, la carnalidad y la mundanalidad, la avaricia, la envidia, las herejías, etc. La limpieza concienzuda y periódica es necesaria para salvaguardar la salud de la planta y hacerla así más productiva, no solo en cantidad, sino también en calidad del fruto.

f. El fruto puede y debe ser abundante: "el que permanece en mí y yo en él, éste lleva *mucho fruto*, porque separados de mí nada podéis hacer... En esto es glorificado mi Padre: en que llevéis *mucho fruto* y seáis así mis discípulos" (v. 5 y 8). No vale contentarse con cualquier cosa. La productividad es importante.

3. El fruto ha de permanecer:

a. Para que el fruto sea permanente, primero debemos permanecer nosotros formando parte de la planta:

"Permaneced en mí, y yo en vosotros. Como el pámpano no puede llevar fruto por sí mismo, si no permanece en la vid, así tampoco vosotros, si no permanecéis en mí... el que permanece en mí y yo en él, éste lleva mucho fruto, porque separados de mí nada podéis hacer. El que en mí no permanece, será echado fuera como pámpano, y se secará". Juan 15:4-6.

b. El fruto no puede ser efímero, pasajero. La uva, como cualquier otro fruto, una vez recolectada, pasando el tiempo se pierde. Hay procedimientos para conservarla secándola, lo que prolonga un poco más su capacidad de ser consumida. El proceso que prolonga su vida por más tiempo es su transformación en vino. El Señor aquí habla de frutos espirituales que no son perecederos. En el evangelio de Mateo, Jesús emplea el símil del vino nuevo que ha de guardarse igualmente en odres nuevos, refiriéndose al evangelio o la nueva vida en él, y su soporte –los odres nuevos, refiriéndose a un nuevo sistema o estructura, diferente del sistema mosaico, los odres viejos. Lo cierto es que hemos de producir fruto perdurable, no efímero. Nuestra vida y ministerio han de ser capaces de generar un legado que podamos transmitir a las generaciones que nos siguen, proveyéndoles de fundamento estable y abriéndoles caminos para su expansión y desarrollo.

Rendir cuentas

Por último, el mayordomo que gobierna la casa de su señor ha de rendir cuentas de su mayordomía. El hombre rico de la parábola[15] llamó a su mayordomo y le dijo: "Da cuenta de tu mayordomía" (Lc 16:2). Es una parábola inquietante, porque pareciera que el señor alaba la actitud corrupta de su siervo, pero lo que se quiere resaltar es la sagacidad de los hijos de las tinieblas –que parece que son mucho más despiertos que los hijos de luz– y que todo siervo ha de dar cuenta de su servicio a su señor.

Ya hemos mencionado el asunto antes, pero tenemos que resaltar la importancia de ser conscientes de ello, pues demasiadas veces se nos olvida y actuamos como si fuéramos nosotros los amos y señores. La iglesia no es "nuestra iglesia", sino la iglesia del Señor, y los fieles no son o han de ser fieles a nosotros sino al Señor. Sí han de sernos leales y respetuosos, y honrarnos dignamente, como enseña la palabra de Dios, pero no son nuestras ovejas, sino del Señor, y él nos las ha encargado como lo hizo con Pedro a la orilla del mar de Galilea, a quien dijo: "Pastorea *mis* ovejas" (Jn 21:16). ¿Acaso eran las ovejas de Pedro? Definitivamente, no. Se trataba de *sus* ovejas; es decir, las ovejas del Buen Pastor, Jesús resucitado.

---

[15] Conocida como la "Parábola del mayordomo infiel", en el evangelio de Lucas (cp. 16).

CAPÍTULO 12

Intimidad con Dios

> *Os he llamado amigos, porque todas las cosas que*
> *oí de mi Padre os las he dado a conocer.*
>
> Juan 15:15

Jesús llamó a sus discípulos sus *amigos*, porque había alcanzado con ellos un profundo nivel de confianza al revelarles los secretos del Padre. La relación de Maestro a discípulo se convirtió en una relación de amigo a amigo, salvando las distancias, de igual a igual. Es decir, pasó de ser una relación utilitaria a una relación de intimidad, de amor desinteresado nacido de la convivencia y la participación en un propósito común, unidos por un nuevo vínculo familiar como miembros de la casa de Dios, eso que el Nuevo Testamento llama *comunión* (gr. *koinonia*).

Ya hemos hablado de que somos sus mayordomos, y esa es una relación de servicio, pero como pastores según el corazón de Dios se espera que nos relacionemos con él de manera mucho más íntima y profunda. En el Antiguo Testamento, a Abraham se le llama amigo de Dios. Así lo calificó Josafat en su oración a Dios ante la amenaza de los moabitas y amonitas (2 Cr 20:7), y en el libro del profeta Isaías, Dios mismo lo reconoce como tal (Is 41:8). Es que Dios hablaba con él tal como lo hacía con Adán al principio en el Edén. También el Antiguo Testamento nos habla de Enoc, padre de Matusalén, del que se dice que "Caminó, pues, Enoc con Dios, y desapareció, porque lo llevó Dios" (Gn 5:24), y del que da testimonio la carta a los Hebreos: "Por la fe Enoc fue traspuesto para no ver muerte, y no fue hallado, porque lo traspuso Dios; y antes que fuera traspuesto, tuvo testimonio de haber agradado a Dios" (He 11:5). Decir que Enoc caminó con Dios significa que mantuvo con él una relación cercana e íntima, con el resultado que fue preservado de morir siendo traspuesto por Dios. Dios lo tiene en algún lugar celestial, trasladado de una dimensión a otra cuyas características concretas desconocemos, debido a su fe y fidelidad que agradaron a Dios.

El segundo ser humano transportado a esa dimensión celestial fue Elías, como bien sabemos, el profeta que se identificaba a sí mismo invocando al Dios de Israel "en cuya presencia estoy" (1 R 17:1). No hay duda de que Dios estaba con él. Conocidos son los grandes portentos que hizo por medio de él, así como sus crisis personales y diversas vicisitudes por las que atravesó en el desarrollo de su ministerio profético. Tuvo altos y bajos, certidumbres y dudas, momentos de un valor extraordinario y otros de zozobra y temor, como cualquiera de nosotros, como nos dice Santiago en su carta: "Elías era hombre sujeto a pasiones semejantes a las nuestras, y *oró fervientemente* para que no lloviera, y no llovió…" (St 5:17). La historia de Elías muestra una relación cercana y continua entre el profeta y su Dios. En diversas ocasiones él invoca al Dios de Israel, "en cuya presencia vive", y Dios le responde. Es tremendo el dramatismo del momento cuando el profeta clama al Señor para que responda con fuego aceptando la ofrenda presentada en el altar, frente a los falsos profetas de Baal: "Respóndeme, Jehová, respóndeme, para que conozca este pueblo que tú, Jehová, eres el Dios" (1 R 18:37). Allí, por fe, arriesgó su credibilidad y su vida, y Dios le respondió. En otras ocasiones es Dios mismo quien se dirige a Elías para hablarle y tratar con él.

La oración es una práctica necesaria a todo cristiano y, por supuesto, esencial para cualquiera que ejerce un ministerio cualquiera. El problema es que, como bien expresa Pablo, "no sabemos orar como debiéramos" (Ro 8:26 LBLA), y quizás oramos mucho pero mal, como también Santiago señala. La calidad de la oración no se mide por minutos ni por horas, sino por la profundidad del encuentro con Dios y el nivel de sintonía alcanzado entre ambos, el que ora y Dios. Hay que pasar tiempo en la presencia de Dios, pero ha de ser tiempo de calidad, de comunión real. Además, vivir en la presencia de Dios ha de ser una vivencia permanente, por eso Pablo recomienda a los tesalonicenses "orar sin cesar". La oración tiene que ser una actitud, más que una actividad, aunque ciertamente se traduce en actos. Hoy nos ocupamos mucho de las actividades, llegando a saturar nuestras agendas por el simple hecho de estar activos, pero poco de las actitudes, siendo estas lo más importante de cuanto hacemos por el Señor. Por eso el texto de romanos 8 sigue diciendo: "...pero el Espíritu mismo intercede por nosotros con gemidos indecibles. Pero el que escudriña los corazones sabe cuál es la intención del Espíritu, porque conforme a la voluntad de Dios intercede por los santos". Afortunadamente, en nuestra incapacidad o limitación que tenemos para "orar como debiéramos", contamos con la ayuda del Espíritu Santo. Él sí sabe lo que necesitamos, teniendo acceso a las profundidades de nuestra alma, y encamina nuestras necesidades reales a la presencia del Padre para que sean atendidas convenientemente. Al mismo tiempo, puesto que él es quien inspira la Palabra, "discierne los pensamientos y las intenciones del corazón" (He 4:12), situando así nuestra relación con Dios en su verdadera dimensión.

Como pastores según el corazón de Dios, nuestra vida de intimidad con Dios es fundamental, porque nunca conoceremos sus profundidades si no caminamos junto a él, pisando donde él pisa, escuchando su voz, sintiendo su respirar, impregnándonos de su olor –si podemos hablar así, utilizando el lenguaje analógico. No hay como ser amigos del Señor, sus íntimos, los más cercanos a él. Las palabras de Pablo a los efesios nos animan:

Vosotros… estabais sin Cristo, alejados de la ciudadanía de Israel y ajenos a los pactos de la promesa, sin esperanza y sin Dios en el mundo. Pero ahora en Cristo Jesús, vosotros que en otro tiempo estabais lejos, *habéis sido hechos cercanos* por la sangre de Cristo… ya no sois extranjeros ni forasteros, sino conciudadanos de los santos y *miembros[16] de la familia de Dios.* Efesios 2:12-13,19).

---

[16] Gr. *oikeioi*, los de la casa, componentes de la familia amplia; algunos traducen, "domésticos".

Cuando vivíamos lejos de Dios, vivíamos ajenos a todo cuanto tenía que ver con él y, por tanto, totalmente fuera de toda posibilidad de salvación. Ahora, por el contrario, disfrutamos de comunión con Dios, porque por medio de Jesucristo no solamente hemos sido reconciliados con él, sino que además hemos sido transformados en nuestra naturaleza espiritual y adoptados como hijos suyos, con todos los derechos subsiguientes; hemos recibido "el Espíritu de adopción, por el cual clamamos: «¡Abba, Padre!» El Espíritu mismo da testimonio a nuestro espíritu, de que somos hijos de Dios. Y si hijos, también herederos; herederos de Dios y coherederos con Cristo" (Ro 8:15-17). ¡Qué privilegio; qué cercanía! Eso nos permite acceso libre a su corazón, a sus secretos reservados para nosotros. No tenemos por qué vivir en la incertidumbre, ni en el temor, porque como dice el Señor por boca del profeta Jeremías: "Porque yo sé los pensamientos que tengo acerca de vosotros, dice Jehová, pensamientos de paz y no de mal, para daros el fin que esperáis. Entonces me invocaréis. Vendréis y oraréis a mí, y yo os escucharé. Me buscaréis y me hallaréis, porque me buscaréis de todo vuestro corazón" (Je 29:11-13). Cuando oramos como hay que orar, en la forma adecuada, es decir, en el Espíritu, esos pensamientos de Dios sobre nosotros y nuestros ministerios nos son revelados. Le buscaremos y le hallaremos, seremos reconfortados, orientados, dirigidos al propósito de la voluntad de Dios y, por tanto, al éxito en cuanto emprendamos según sus pensamientos. Dicho de otra manera: "Nunca se apartará de tu boca este libro de la Ley, sino que de día y de noche meditarás en él, para que guardes y hagas conforme a todo lo que está escrito en él, porque entonces harás prosperar tu camino y todo te saldrá bien" (Jos 1:8). Son las palabras de Yahvé dirigió a Josué al heredar la autoridad de Moisés, antes de entrar en la Tierra Prometida y emprender su conquista. Sabemos que a esta recomendación de profundizar en la Ley –la revelación de Dios a su pueblo, Israel– se añadió la recomendación de ser valiente y esforzado. Todo esto nos hace falta a nosotros, que ejercemos el sagrado ministerio del pastorado hoy. Necesitamos revelación –intimidad con Dios–, dedicación y esfuerzo, y valentía, para no dejarnos amedrentar por tantas cosas que se oponen. No hace falta que las enumere; todos las conocemos bien.

¡Ánimo! Y al tajo, compañeros.

CAPÍTULO 13

La recompensa final

He peleado la buena batalla, he acabado la carrera,
he guardado la fe.
Por lo demás, me está reservada la corona de justicia,
la cual me dará el Señor, juez justo, en aquel día;
y no sólo a mí, sino también a todos los que aman su venida.

2 Timoteo 4:7-8

Todo tiene su fin, y este libro también llega a su último capítulo. Nuestros ministerios también concluirán, porque nosotros también somos finitos, estamos limitados a un tiempo, nuestro tiempo, así como Pablo tuvo el suyo y así ha sido con todos cuantos a lo largo de la historia han sido llamados por Dios y usados por él para cumplir sus propósitos eternos. Pablo es consciente de ello, y hace un brevísimo pero acertado y feliz balance de su vida: "He peleado la buena batalla, he acabado la carrera, he guardado la fe", tres hechos consumados en y durante su vida:

1. *"He peleado la buena batalla…"*: porque, dada la oposición permanente a la que nos enfrentamos, es toda una batalla compuesta de episodios que se suceden como parte de una guerra general

contra las tinieblas. Puede que se dé alguna escaramuza en la que caigamos ante el enemigo, pero lo importante es el balance final, la victoria final, y que no sea una victoria pírrica, que las pérdidas sean tales que no merezca la pena haber vencido. Por algo el mismo apóstol Pablo nos compara con soldados y, dada la batalla que mantenemos contra las huestes diabólicas de maldad, nos recomienda vestir o equiparnos con "toda la armadura de Dios, para que podamos estar firmes contra las asechanzas del diablo... y resistir en el día malo" (Ef 6:11,13).

El detalle aquí es que Pablo no habla de una batalla cualquiera, sino de una batalla que considera *buena* (Gr. *kalon*), es decir, genuina, conforme a las reglas, noble y honrosa, peleada no con armas carnales, sino espirituales (2 Co 10:3-5), en la que por nuestra parte no caben trucos ni estratagemas humanas. Es el diablo quien utiliza argucias, artimañas y mentiras para atacar a los creyentes y vencerles mediante la seducción y el engaño. La palabra de Dios es nuestra espada, la fe nuestro escudo, hablamos la verdad, y como declara Pablo, "renunciamos a lo oculto y vergonzoso, no andando con astucia, ni adulterando la palabra de Dios. Por el contrario, manifestando la verdad, nos recomendamos, delante de Dios, a toda conciencia humana" (2 Co 4:2).

2. *"He acabado la carrera..."*: ahora la metáfora es la carrera atlética, y no es la primera vez que el Nuevo Testamento compara el transcurrir de la vida cristiana y, por tanto, también el ministerio, con una carrera. El propio Pablo así lo hace dirigiéndose a los corintios: "Yo de esta manera corro, no como a la ventura; de esta manera peleo, no como quien golpea el aire; sino que golpeo mi cuerpo y lo pongo en servidumbre, no sea que, habiendo sido heraldo para otros, yo mismo venga a ser eliminado (1 Co 9:26-27). Es una carrera de verdad, donde se juega algo real que no depende del azar. La vida cristiana es una realidad segura, siempre que uno corra "de tal manera" (v. 24) que alcance la meta; o como escribe Pablo a su discípulo Timoteo, "el que compite como atleta, no gana el premio si no compite de acuerdo con las reglas" (2 Ti 2:5, LBLA). La meta no es una ilusión, por eso el escritor de la carta a los Hebreos, tras habernos recordado el testimonio de fe de quienes nos precedieron en el Señor, nos

exhorta con las siguientes palabras: "Por tanto, nosotros también... corramos con paciencia la carrera que tenemos por delante, puestos los ojos en Jesús, el autor y consumador de la fe, el cual por el gozo puesto delante de él sufrió la cruz, menospreciando el oprobio, y se sentó a la diestra del trono de Dios" (He 12:1-2). Jesús miraba a la recompensa final, es decir, al fruto de su misión en la tierra: la salvación de la humanidad. Él es nuestro modelo en todo. Merece la pena que nosotros también miremos al frente, a la meta que culminará nuestro ministerio, y que esperemos la corona del triunfador, como la esperaba Pablo al final de su carrera como apóstol.

3. *"He guardado la fe"*: aquí, "la fe" se refiere al mensaje genuino y completo del evangelio. En su momento, Pablo escribió a los Gálatas una carta previniéndolos contra algunos que predicaban un evangelio diferente, tergiversado: "Si alguien os predica un evangelio diferente del que habéis recibido, sea anatema... el evangelio anunciado por mí no es invención humana, pues yo ni lo recibí ni lo aprendí de hombre alguno, sino por revelación de Jesucristo" (Ga 1:9,11-12). Ya hemos mencionado antes que a Timoteo le recomendó "tener cuidado de sí mismo y de la doctrina", como garantía de éxito espiritual y ministerial. Ahora, al final de su vida, confiesa haber conservado el mensaje que recibió de Jesucristo sin alteraciones ni componendas, renunciando "a lo oculto y vergonzoso, no andando con astucia, ni adulterando la palabra de Dios... manifestando la verdad" (1 Co 4:2), como anteriormente había recordado a los corintios, añadiendo unas palabras muy significativas para nosotros hoy: "No nos predicamos a nosotros mismos, sino a Jesucristo como Señor, y a nosotros como vuestros siervos por amor de Jesús" (v. 5). Estas palabras deben hacernos reflexionar seriamente sobre nuestro ministerio: ¿es verdad que predicamos a Jesucristo y no a nosotros mismos en primer lugar? Nosotros solo ocupamos la posición de siervos, de actores secundarios. Él, aunque asumió la posición de siervo, es el verdadero Señor que anunciamos al mundo necesitado. ¿Trabajamos para dar avance a la obra de Dios o nos esforzamos por potenciar la nuestra, nuestros objetivos personales e intereses particulares? ¿Proclamamos el nombre

de Jesús, o quizás nos gusta que sobresalga el nuestro? Es importante ser cuidadosos y no caer en las redes del *marketing* y del *promocionalismo*, por muy útiles que sean sus técnicas, las cuales podemos aprovechar mientras no nos dominen ni ensucien nuestros objetivos espirituales.

Son muchas las corrientes y modas que hoy circulan por el mundo eclesiástico cristiano, pero la palabra de Dios es la misma, no ha cambiado. No se trata, en ese afán de ser *novedosos*, de aportar algo que nadie haya ofrecido antes en el triste *mercado de la fe*, de descubrir nuevas doctrinas, de ser portadores de *otra revelación*. Hemos recibido un legado de fe que hemos de preservar. Podemos aportar nueva luz a algunos pasajes difíciles, porque las ciencias bíblicas avanzan, los descubrimientos arqueológicos y el estudio también; pero la doctrina, que es lo básico y claro, lo que ha servido de fundamento a la fe de millones durante siglos, no puede ser alterada. Los antiguos elaboraron Credos, que son declaraciones bastante concisas y claras acerca de las verdades fundamentales del cristianismo. Hoy tenemos *Declaraciones de Fe*, evidentemente según las diferentes tendencias teológicas dentro del cristianismo, pero en todas hay una base, un fundamento común. Con todo, "la fe", así como un absoluto, no la definimos los hombres sino el Señor, y está bastante claramente especificada en el Nuevo Testamento y bien fundamentada en el Antiguo. Es nuestra obligación salvaguardarla en armonía con el resto del pueblo de Dios.

Pablo concluye hablando de la corona de justicia, que el Señor le daría a él y también a todos los que amaban "su venida", pero durante su vida hacía la siguiente reflexión: "¿Cuál es nuestra esperanza, gozo o corona de que me glorié? ¿No lo sois *vosotros*, delante de nuestro Señor Jesucristo, en su venida? *Vosotros* sois nuestra gloria y gozo" (1 Ts 2:19-20). Pablo no solo miraba a la corona del ganador que recibiría cuando traspasara el umbral de la muerte para entrar a la presencia de Dios, sino que miraba al resultado de su ministerio, al fruto, y ese resultado eran las almas que se habían convertido bajo su ministerio, aquellos a quienes había bendecido con su enseñanza y ejemplo y a quienes amaba profundamente; por eso proclama, "¡vosotros sois nuestra gloria y gozo!".

¿Y nosotros? ¿podemos decir algo parecido? ¿Cuál es el resultado de nuestra labor como pastores o como siervos de Dios? Seguramente podremos decir algo así, pero lo importante es que nos demos cuenta del valor que tiene el resultado de nuestro ministerio. No siempre es fácil de medir, porque, aunque podamos aportar determinados números, volumen, estadísticas, etc., el efecto total y real de nuestros ministerios no nos es del todo conocido. Además, como dice la Palabra, nosotros nos dejamos fácilmente llevar por las apariencias, por lo visible con los ojos humanos, pero demasiadas veces la realidad espiritual nos queda velada y no somos capaces de ver las cosas como son en verdad. En el cielo habrá decepciones y sorpresas; algunos "grandes" se verán pequeños, y algunos "pequeños" se verán grandes. Porque en el cielo todo se medirá por "el corazón", y aquellos que muestren un corazón más parecido al corazón de Dios nos irán por delante en la evaluación final y, por tanto, en la recompensa.

Después de amonestar a sus compañeros de ministerio, Pedro, concluye sus palabras diciendo: "Cuando aparezca el Príncipe de los pastores, vosotros recibiréis la corona incorruptible de gloria" (1 P 5:4). Nuestras vidas concluirán, otras generaciones seguirán nuestra estela siempre y cuando hayamos sido capaces de transmitirles un legado y exista ese rastro trazado en el camino. Todo eso forma parte de nuestra recompensa, la continuidad que las generaciones que nos siguen sepan darle a la obra comenzada y concluida por nuestra parte.

El legado no es simplemente la plaza que dejamos vacante cuando nos vamos, cualquiera que sea la causa, de la iglesia que hemos pastoreado hasta el momento. El legado no puede ser un vacío –el que dejamos al irnos– sino todo lo contrario, todo un contenido; es, como escribe Pablo a Timoteo: "el buen *depósito* por el Espíritu Santo que mora en nosotros" (2 Ti 1:4). La palabra traducida como "depósito" (gr. *paratheke*), algo que se encomienda a alguien para que lo preserve, puede perfectamente ser traducida por "legado". Recuerda que el sufijo *theke* es el empleado en nuestras palabras biblioteca, hemeroteca, pinacoteca, etc. y que indica una colección o un depósito de la raíz que lo precede, sea de libros, periódicos, pinturas, etc. En nuestro caso se trata de lo que Dios nos ha dado por medio de su Espíritu y lo que hayamos podido acumular de nuestra labor en el evangelio, es decir, en su obra.

Ojalá que nuestras vidas y ministerios se vean coronadas por un final feliz, glorioso, y que al menos podamos ver algo del resultado, como lo vio Pablo en aquellos que él estimaba ser "su gloria y corona".

Amén.

EPÍLOGO

Solo nos queda reflexionar un poco sobre nuestro llamamiento al servicio del Señor y la realidad en la que vivimos. Sabemos que nuestro ministerio está sujeto a su examen y evaluación, porque un día seremos llamados a cuentas. No hemos de mirar a ese día con temor, como el siervo malo y negligente, sino con confianza, como lo hacía Pablo cuando se sabía llamado a la casa del Padre: "Por lo demás me espera la corona de justicia…". Sabemos que, en tanto que hay vida, hay esperanza. Somos deficientes, o insuficientes, es decir, que lo que hacemos no basta, no llega, no alcanza el nivel al que debería llegar. Porque "para estas cosas ¿quién está capacitado? […] no que seamos suficientes en nosotros mismos para pensar que cosa alguna procede de nosotros, sino que nuestra suficiencia es de Dios" (2 Co 2:16; 3:5 LBLA). Son palabras del mismísimo Pablo, el gran apóstol de los gentiles. Él también era débil, deficiente, incapaz en muchos aspectos, pero cuando era capaz de reconocer sus limitaciones, entonces era fuerte porque Dios y toda su ayuda estaban con él. Así lo reconoce en sus escritos inspirados por Dios. Para nosotros son palabras de aliento, porque se identifica con nosotros y nuestras limitaciones, que no son pocas. No hay limitación humana que Dios no sepa o pueda superar. Él es siempre nuestra ayuda. "En Dios haremos proezas y él hollará a nuestros enemigos" (Sal 108:13).

Hemos visto a lo largo de estos trece capítulos la importancia que tiene que nuestros corazones se identifiquen con el corazón de Dios, con su sentir, el mismo que hubo en Cristo Jesús y que lo llevó a hacerse como nosotros, seres humanos, aun siendo Dios; por eso su nombre es Emmanuel, "Dios con nosotros". Con todo, como dice el texto de Filipenses, no quiso aferrarse a su condición divina y renunció a sus "derechos" como parte de la Divinidad para ser como nosotros y poder así trasmitirnos su mensaje íntimo y ocupar nuestro lugar ante la justicia divina y, en consecuencia, salvarnos del alejamiento definitivo de Dios. Solo identificándonos así, con el Cristo que se humilló a sí mismo, podremos ejercer con dignidad y eficiencia nuestro ministerio pastoral.

La labor esencial del pastor es cuidar de las ovejas que le son encomendadas. En nuestro caso, no son nuestras, aunque no por eso somos los asalariados a los que critica Jesús, que cuando ven el peligro huyen. Nosotros somos de la familia de Dios, hermanos de Jesucristo. Hemos sido engendrados por el Espíritu Santo mediante el nuevo nacimiento. Pero hemos de derramar en nuestras ovejas lo que del corazón de Dios se ha derramado en nuestros corazones: su amor, su ternura, su cuidado y provisión, su misericordia, su visión y su propósito. Por eso nuestra visión ha de ser hacia campo abierto, mirando a horizontes sin límite para llegar hasta donde llega la mirada de Dios.

Espero que, cuando hablo de la única inspiración, del único fundamento, de la única fuerza o la única herramienta, el lector entienda que no estoy menospreciando otras cosas o desechándolas completamente, sino resaltando el valor de lo que tenemos, que es excepcional y maravilloso. Es evidente que no podemos fundamentar nuestro ministerio pastoral más que en Cristo, que su mensaje es nuestro mensaje que aporta vida, que el Espíritu de Dios es quien nos provee de la fuerza espiritual, el poder de Dios, y que la única manera de enseñar a otros lo correcto, lo adecuado, lo válido para la vida, es con nuestro ejemplo. Si los demás ven que funciona en nuestra vida, querrán que funcione en la de ellos.

No trabajamos solo para hoy. Hacemos historia, echamos fundamentos para el porvenir, para las generaciones futuras, esas que nos pisan los talones, que están ahí pidiendo formar parte de esa historia ellos también. En realidad, nos vamos superponiendo continuamente unas generaciones sobre otras y otras van abandonando la escena. Yo pertenezco a la generación del 68, la del mayo francés y los *yupies*;

después han venido la generación X, los *milenial*, la generación Z, y seguirán otras a las que pondrán nombres según la realidad de su tiempo. Ya se fueron las anteriores, las que vivieron nuestra Guerra Civil o la II Guerra Mundial, el Holocausto, la creación del estado de Israel... Nosotros también iremos pasando, pero hemos de dejar un legado que quienes nos siguen puedan engrandecer y trasmitir a su vez a quienes les sigan a ellos.

Nuestra labor no será en vano. Me gusta un texto que nuestro pastor, José Antonio Aldapa, nos recordaba siempre: "Porque Dios no es injusto para olvidar vuestra [nuestra] obra y el trabajo de amor que habéis [hemos] mostrado hacia su nombre, habiendo servido a los santos y sirviéndolos aún" (He 6:10). Honro su memoria, la del hombre que supo dejarnos un legado valioso, aquel hombre que a principios de este siglo traspasó los umbrales hacia la vida celestial de rodillas en el altar de su pequeña iglesia en Montebello, California. Ahora nos toca a mí y a los de mi generación ceder el testigo a quien ha iniciado su carrera detrás de nosotros. Me gustaría poder hacer sentir a los más jóvenes que me siguen cómo late el corazón de Dios, qué se siente sumergido en él, nadando en su río ancho y profundo. Hacerles ver *su* tierra prometida que yo contemplo de lejos y que habrán de conquistar por ellos mismos, aunque con la ayuda y el poder de Dios, que nunca les faltará como no nos faltó a nosotros ni a quienes nos precedieron, porque "Jesucristo es el mismo, ayer, hoy y por los siglos" (He 13:8), y él estará con ellos como estuvo con nosotros "hasta el fin del mundo".

Por lo demás, como dice Pablo, nos espera la corona de justicia que el Señor tiene reservada para cuantos aman su venida. Ojalá que como él, hayamos corrido legítimamente la carrera, sin trucos ni subterfugios; que nuestra batalla haya sido siempre contra las huestes de maldad y no contra los que como nosotros tratan de seguir y servir al Maestro; y que hayamos guardado la fe tal como nos fue trasmitida por siglos de testimonio cristiano, sin tergiversarla ni amoldarla a nuestra conveniencia o la de aquellos que nos rodean y nos presionan, siendo fieles a la palabra de Dios, las sagradas Escrituras, la Biblia.

Este es mi deseo y oración, para mí y para ti, estimado lector.

La gloria y la alabanza sean para Dios, Padre, hijo y Espíritu Santo.

Amén.

BIBLIOGRAFÍA CONSULTADA

Biblias:
Santa Biblia, RVR1995, Sociedades Bíblicas Unidas.

Biblia de Estudio Mathew Henry, RVR1977, CLIE, Viladecavalls, 2019.

Biblia de las Américas, LBLA, edición electrónica ofrecida por BibleGateway, https://www.biblegateway.com/?language=es

Obras de carácter general:
Coenen, Lothar y A.A., *Diccionario teológico del Nuevo Testamento*, 2. Vol., Sígueme, Salamanca, 1980.

Thayer, Joseph H., *Greek English Lexicon of the New Testament*, Baker Book House, Grand Rapids, MI, 1977.

Young, Robert, *Young's Analytical Concordance of the Bible*, Eerdmans, Grand Rapids, MI, 1970.

Obras específicas:
Sánchez, Jorge Óscar, *La Predicación. Comunicando el mensaje con excelencia*, CLIE, Viladecavalls, 2020.

Segura, Haold, y Grellert, Ana, *Ternura, la revolución pendiente. Esbozos pastorales para una teología de la ternura*, CLIE, Viladecavalls, 2018.

Spurgeon, Charles H., *El Tesoro de David*, (Texto completo y ampliado con notas por Eliseo Vila), Tomo 1, CLIE, Viladecavalls, 2015.